财务小课，
轻松趣学
出纳入门 图解版

林菊芳◎编著

中国铁道出版社有限公司
CHINA RAILWAY PUBLISHING HOUSE CO., LTD.

北 京

图书在版编目（CIP）数据

财务小课，轻松趣学出纳入门 : 图解版 / 林菊芳编著 .— 北京：
中国铁道出版社有限公司，2024.7
ISBN 978-7-113-31234-3

Ⅰ.①财… Ⅱ.①林… Ⅲ.①出纳 – 图解 Ⅳ.① F233-64

中国国家版本馆 CIP 数据核字（2024）第 092493 号

书　　名：**财务小课，轻松趣学出纳入门（图解版）**
　　　　　CAIWU XIAO KE，QINGSONG QU XUE CHUNA RUMEN（TUJIE BAN）
作　　者：林菊芳

责任编辑：王　佩　　编辑部电话：（010）51873022　　电子邮箱：505733396@qq.com
封面设计：宿　萌
责任校对：苗　丹
责任印制：赵星辰

出版发行：中国铁道出版社有限公司（100054，北京市西城区右安门西街 8 号）
印　　刷：河北宝昌佳彩印刷有限公司
版　　次：2024 年 7 月第 1 版　2024 年 7 月第 1 次印刷
开　　本：710 mm×1 000 mm　1/16　印张：12　字数：205 千
书　　号：ISBN 978-7-113-31234-3
定　　价：69.80 元

前言

出纳和会计分管企业的钱和账，因此无论企业规模大小，都不能缺少出纳。

随着经济的发展，人们的生活更加丰富，但用于系统学习的时间越来越少，大多数人仅利用碎片化时间，有针对性地学习自己想学的或者是工作中需要的知识和技能。

而像出纳、会计、税务等这样一些技术性较强的岗位，总会让人有不系统学习就学不会的"错觉"，导致很多想要学习这些知识的人还没开始就产生了畏难情绪。再加上这些知识内容复杂而略显枯燥，更无法让学习者集中精神，对掌握这些知识形成了无形的阻碍。

那么，怎样才能轻松、高效地学习出纳的知识点，快速地掌握出纳的工作技能呢？

为了帮助系统学习时间较少的、想要学习出纳知识的人群更好地利用碎片化时间快速、轻松地跨过门槛，同时切实掌握出纳工作技能，我们编著了本书，目的是让读者体会到即使没有系统学习的时间，也能提高出纳的工作效率。

本书共七章，可大致划分为三部分。

◆ 第一部分为第 1~2 章，这部分主要帮助读者快速认识出纳与会计工作中需要用到的基本知识。如出纳的工作内容与特点、出纳的任职基本要求、出纳人员的工作权限，以及出纳岗位需要掌握的人民币和发票的基本技能等内容。

◆ 第二部分为第 3~5 章，这部分从出纳人员日常工作内容出发，介绍现金的管理与收付账处理、银行账户管理与银行存款收付账处理、票据结算方式与其他结算方式。

◆ 第三部分为第 6~7 章，这部分主要是对出纳工作技能的提升，包括错账的查找与更正方法，以及员工社保、医保、公积金和工资等的核算与工资发放等内容。

本书内容翔实，语言轻松，辅以贴近实际的案例分析，以图示化表达方式，为读者呈现出简单、易懂的学习内容，促使读者可以愉悦地掌握出纳知识，让读者有耐心学习，有信心学会，有恒心掌握。

编　者

2024 年 4 月

目录

第一章 夯实出纳与会计基本功

很多人认为出纳工作安逸且工作量小，实际真是如此吗？非也，出纳工作并不是简单地管钱，它还要做好与会计及税务工作的对接。因此，作为一名出纳人员，或者即将从事出纳工作的人，必须要熟练掌握出纳知识，同时了解会计与税务相关内容。

- 出纳在财会工作中的位置
- 出纳也要懂的会计知识
- 出纳离职应做好交接工作

一、出纳在财会工作中的位置

很多人只知道出纳管钱，但除此之外难道就没有别的工作内容了吗？它在财会工作中到底处于一个什么位置？很显然，出纳的工作内容并不仅限于管钱，还需要出纳人员与银行、企业内部会计等人员对接工作，以及负责发放员工工资等。

⑴ 出纳的主要工作内容与特点

既然出纳并不是简单地管钱，那么出纳人员日常的工作内容到底有哪些呢？大致可以分为三个方向。

（1）货币资金核算

货币资金核算是企业经济核算的重要内容，要求通过相关指标计算并衡量固定资金、流动资金的利用效果，同时找出资金使用过程中存在的问题和解决问题的办法。货币资金核算的具体内容见表 1-1。

表 1-1　货币资金核算的具体内容

核算内容	简　　述
办理现金收付	①严格按照国家的现金管理制度办理收付款项 ②如果有重大开支项目，要确定经过主管人员、会计负责人或单位领导审核签章，否则不能办理收付手续 ③收付款完成后，出纳人员需要在收付款凭证上签章，并加盖"收讫"或"付讫"戳记等
办理银行结算，规范使用支票	①严格控制签发空白支票 ②若遇到特殊情况，可以签发空白转账支票，但必须同时满足以下条件：在支票上写明收款单位名称、款项用途、签发日期、规定限额和报销期限，并由支票领用人在专设登记簿上签章 ③已经签发的空白支票，因某些原因没有使用且支票已经逾期的，则这类支票应交还给签发人 ④如果支票上的信息填写错误，应按要求加盖"作废"戳记并连同存根一起保存 ⑤若支票遗失，在发现遗失时立即向银行办理挂失手续 ⑥任何情况下企业的银行账户都不能出租或出借给其他单位或个人办理结算

续上表

核算内容	简 述
登记日记账，保管有价证券	①根据已经办理完毕的现金收付款凭证和银行存款收付款凭证，逐日逐笔按顺序登记现金日记账和银行存款日记账，结出余额 ②现金日记账要与企业内部的库存现金实有数核对相符；银行存款日记账要及时与银行对账单核对相符，在月末编制银行存款余额调节表，查找未达账项，防止漏记 ③随时掌握库存现金和银行存款余额的情况
保管库存现金和有价证券	主要是确保库存现金和各种有价证券的安全、完整 ①保证库存现金不超过银行核定的限额，超过部分要及时送存银行 ②不以"白条"抵充现金，不得随意挪用现金 ③及时做好现金盘点，掌握库存现金的短缺或盈余情况，并分析原因，分情况处理 ④不得私自取走盘盈的现金，也不得私自补足短缺的现金 ⑤短缺的现金由出纳人员承担赔偿责任 ⑥出纳人员要对保险柜密码保密，同时保管好保险柜钥匙，不得随意将钥匙转交给他人保管或使用
保管印章，登记注销支票	①严格按照规定用途使用并保管企业的印章，避免印章遗失或错用 ②单位用于签发支票的各种印章，不得全部交由同一位出纳人员保管 ③单位和出纳人员都必须严格管理空白收据和空白支票，对空白收据和空白支票的领用情况及注销手续等进行实名登记。没有进行实名登记的人员，不得进行票据的领用或注销
复核收入凭证，办理销售结算	①审查销售业务的有关凭证，严格按照销售合同和银行结算制度及时办理销售款项的结算 ②及时催收销售货款 ③若发生销售纠纷导致货款被拒付，出纳人员应及时通知有关部门人员处理

（2）往来结算

往来结算着眼于"往来"，涉及企业内部各部门之间、企业与外部单位之间，以及企业与外部个人之间的款项结算，主要包括应收应付款项、其他应收应付款项及预收预付款项等。那么对于出纳人员来说，往来结算究竟有哪些具体工作内容呢？

①办理往来结算，建立清算制度。

一要结算企业与内部核算单位和职工之间的款项；二要办理企业与外部单位或个人之间不能办理转账手续的款项结算；三要办理低于结算起点的小额款项的结算及根据有关规定需要办理的其他方面的结算。

另外，及时查明确实无法收回的应收账款和无法偿还的应付账款的原因，并按规定流程上报，经批准后采取相应措施处理。

②办理其他往来款项核算，防止坏账损失。

对购销业务以外的各种应收、暂付款项及时进行催收、结算，抓紧清偿应付、暂收款项，掌握应收款项的账龄情况，防止坏账损失发生。

③备用金管理。

备用金是企业拨付给企业内部用款单位或职工个人作为零星开支的备用款项，因此它涉及企业内部往来结算。具体工作内容为：加强备用金管理，严格核定备用金定额，及时办理借款和报销手续等。比如，出纳人员应督促预借差旅费的员工及时办理报销手续，应及时收回未使用的预借款项余额，防止员工拖欠或挪用这部分资金。

（3）工资结算

工资关系着在职人员的切身利益，企业必须要建立健全工资管理制度，做好工资结算工作，具体内容见表1-2。

表1-2　工资结算的具体内容

结算内容	简　　述
执行工资计划，监督工资核算	①出纳人员与人事部共同执行工资计划，按照相关规定进行工资和奖金的核算，分析工资计划的执行情况 ②发现存在违反工资计划或政策、滥发津贴或奖金等行为，出纳人员应立即制止，并向有关部门和单位领导报告
审核工资单据，发放工资奖金	①根据员工实有人数及工资标准，审核工资表 ②办理代扣款项，收回付款凭证交财务部会计人员 ③协助会计人员审核凭证，通过后计算各员工工资实发数 ④向员工发放工资，严格要求员工签名或盖章 ⑤发放完毕后，填制现金和银行存款付款凭证，登记日记账
统计并提供工资数据	按照工资总额的组成情况及实际支付工资的数据，进行工资明细核算，并根据管理部门的要求编制工资总额及明细报表

⑫ 出纳的任职基本要求

任何人都可以做出纳吗？当然不是，出纳要具备四个方面的基本要求，如图1-1所示。

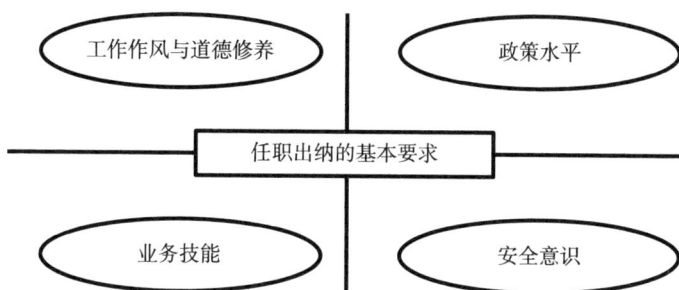

图 1-1 出纳的任职基本要求

工作作风与道德修养。出纳工作涉及钱财，要保证企业钱财安全，出纳人员应有严谨细致的工作作风，要遵纪守法、以身作则；正直、公正，不以权谋私；要实事求是，认真核算并核对各项业务收支情况，真实反馈企业内部的经济状况；要爱岗敬业、科学理财，以企业的总体利益为前提，尽可能提高企业资金的使用效率；要精力集中、有条不紊且沉着冷静地处理工作，保守企业机密，避免工作出现差错。

政策水平。无论是出纳，还是会计，抑或是税务人员，都要在遵循相关政策和制度的前提下合法、合规地开展工作。出纳人员要学习并掌握相关法律、法规、制度和政策的规定，比如《中华人民共和国会计法》《会计基础工作规范》《现金管理暂行条例》《发票管理办法》，以及其他税务方面的法律、法规、制度和政策。保证正确解读规定的含义，有助于明确自己的工作职责和权限。

业务技能。出纳人员要有扎实的基础知识及岗位工作技能，不仅要能熟练使用电脑填制票据，还要能熟练且准确地点钞，更要具备处理一般事务的财会专业知识和更高阶的出纳工作技能，尤其是对数字的敏感度以及运算能力都要强。另外，出纳人员还要具备较强的书写能力，保证写出字迹工整、数字清晰、票面整洁的票据。

安全意识。由于出纳日常工作频繁地与金钱、财物打交道，因此他们面临的诱惑力极大。相应地，对现金、各类票据、有价证券及印章的管理要求会更高。作为一名出纳人员，要能抵挡诱惑，同时还要强化资金、财物安全意识，尽最大努力保证企业的资金安全、完整。另外，还要有积极配合安保部门或人员工作的强烈意识。

㉓ 出纳人员的工作权限

根据《中华人民共和国会计法》与《会计基础工作规范》等财会法规、制度的规定，出纳人员具有的权限有如下一些。

（1）不得兼管某些工作

图 1-2 为出纳人员不得兼管的工作类型。

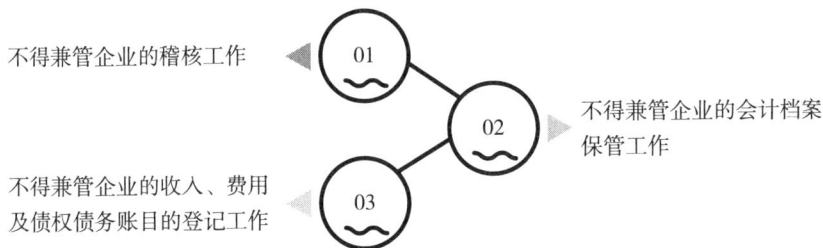

不得兼管企业的稽核工作 ◄ 01

02 ► 不得兼管企业的会计档案保管工作

不得兼管企业的收入、费用及债权债务账目的登记工作 ◄ 03

图 1-2 出纳人员不得兼管的工作类型

当然，有些工作出纳人员是可以兼管的，比如人事档案的保管工作。

（2）有抵制弄虚作假行为的权利

出纳人员可以按照相关法律与法规的规定，实事求是办理经济业务，对于他人存在的弄虚作假行为或者要求出纳人员弄虚作假的行为，有坚决抵制的权利，积极维护财经纪律。

（3）参与货币资金管理的权利

对企业来说，货币资金包括库存现金、银行存款和其他货币资金，其中，其他货币资金包括外埠存款、银行汇票存款、银行本票存款、信用证存款、信用卡存款及存出投资款等。

企业的出纳人员需要在《现金管理暂行条例》和相关制度的规定下，严格管理资金。

当出纳人员发现企业的库存现金实有数超过了银行指定的限额时，有权自主地将超过限额部分的现金送存银行；或者在发现库存现金实有数不足时，有权自主决定从银行提取现金进行补充。另外，出纳人员对于资金用途不明的借款行为，有权不予借款，同时报经上级领导知晓。

（4）合理利用货币资金的权利

出纳人员有权根据企业实际的货币资金使用情况，向领导提出合理的资金使用意见或建议，从而规范企业货币资金的收付制度，提高货币资金的使用效率，同时保证货币资金不受损失。

另外，出纳人员也有权合理利用各种票据，使票据结算能在一定程度上减轻企业的付款压力，从而节约资金使用成本。

二、出纳也要懂的会计知识

作为一名出纳人员，只是懂出纳知识就行了吗？收到的哪些钱要确认为企业的收入呢？付出的钱要确认为企业的费用，还是经营成本呢？出纳人员每天就把钱管好就行了吗？当然不是。要解开这些疑惑，就需要出纳人员知晓一些基本的、全局性的会计知识。

④ 会计六要素

"2022 年 3 月底，支付税款滞纳金 1 000 元。"

"2022 年 3 月 31 日，编制财务会计报表，企业第一季度净利润 43.00 万元。"

"2022 年 4 月 28 日，企业收到客户 A 企业支付的货款 12.00 万元。"

"2022 年 4 月 29 日，出纳员鲜某从银行提取现金 800.00 元。"

"2022 年 5 月 5 日，企业向供应商 B 外购一批面粉，总价款 5.65 万元，其中不含税价款 5.00 万元，增值税税额 0.65 万元。"

············

难道会计在记账时都要这么麻烦地进行描述性记账吗？显然不是。为了方便会计人员记账，统一记账口径，简化记账工作，就需要用到会计六要素，简单介绍如图 1-3 所示。

需要出纳人员明确的是，符合各自定义的这些会计要素不一定能确认为相应的资产、负债、所有者权益、收入、费用和利润。它们还需要分别同时满足相应的确认条件，才能将资源确认为资产，或将现时义务确认为负债，又或者将剩余权益确认为所有者权益、将经济利益的总流入确认为收入、将经济利益的总流出确认为费用、将经营成果确认为利润。六个会计要素的确认条件见表 1-3。

资产是企业过去的交易或事项形成的、由企业拥有或控制的、预期会给企业带来经济利益的资源

资产

负债

负债是企业过去的交易或事项形成的、预期会导致经济利益流出企业的现时义务

所有者权益是企业总资产扣除总负债后由所有者享有的剩余权益

所有者权益

收入

收入是企业在日常活动中形成的、会导致所有者权益增加的、与所有者投入资本无关的经济利益的总流入

费用是企业在日常活动中发生的、会导致所有者权益减少的、与向所有者分配利润无关的经济利益的总流出

费用

利润

利润是企业在一定会计期间内的经营成果，由收入减去费用，加上直接计入当期损益的利得减去损失后的净额得到

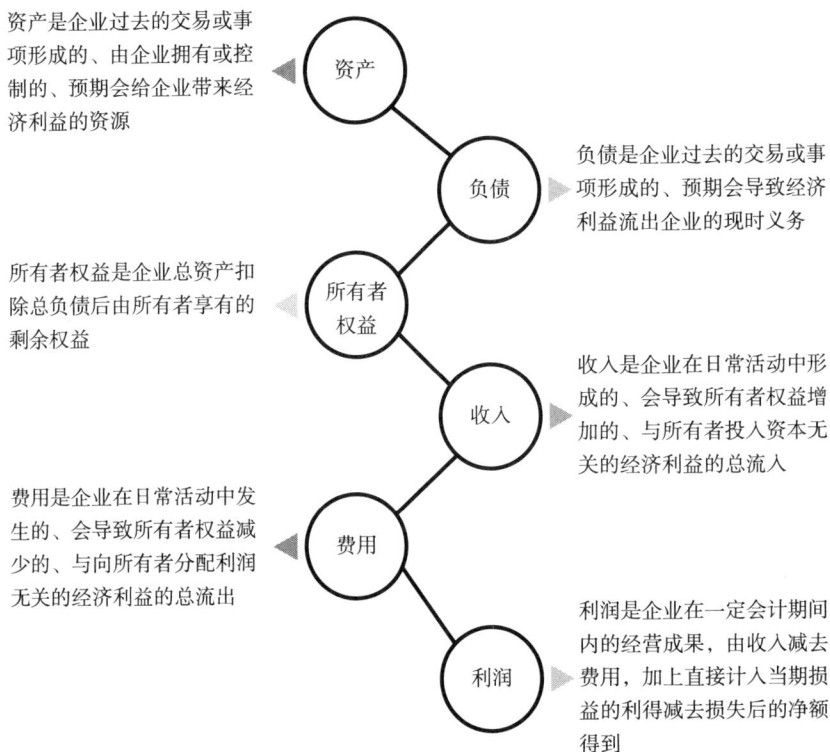

图 1-3　会计六要素简介

表 1-3　会计六要素的确认条件

会计要素	确认条件
资产	①与该资源有关的经济利益很可能流入企业 ②该资源的成本或价值能够可靠计量
负债	①与该义务有关的经济利益很可能流出企业 ②未来流出的经济利益的金额能够可靠计量
所有者权益	所有者权益的确认、计量主要取决于资产、负债、收入和费用等其他会计要素的确认和计量。在数量上，所有者权益等于企业资产总额扣除债权人权益（即负债）后的净额，即企业的净资产，反映所有者或股东在企业资产中享有的经济利益
收入	①与收入相关的经济利益很可能流入企业 ②经济利益流入企业的结果会导致资产的增加或负债的减少 ③经济利益的流入额能够可靠计量

续上表

会计要素	确认条件
费用	①与费用相关的经济利益很可能流出企业 ②经济利益流出企业的结果会导致资产的减少或负债的增加 ③经济利益的流出额能够可靠计量
利润	利润的确认主要依赖于收入和费用，以及直接计入当期利润的利得和损失。在数量上，利润的确定也主要取决于收入、费用、利得和损失金额的计量

实例分析

与出纳工作有关的业务能否确认会计六要素

①出纳人员收到银行发来的收款通知，注明价款 12.00 万元为企业前期应向客户收取的商品货款。

解析：由于银行收到货款，经济利益流入企业，且价值可以可靠计量，因此确认企业的银行存款增加，企业的资产增加。同时，因为货款为销售商品所得，经济利益流入企业，导致企业资产增加，且流入额能可靠计量，所以要确认收入增加。

②出纳人员预计下月需要支付的水电费。

解析：由于下月需支付的水电费是出纳人员预计的，该义务有关的经济利益在当月不会流出企业，并且预计需要支付的水电费暂时还无法可靠计量，因此，该项义务还不能确认为负债。同理，下月需要支付的水电费只是预计，相关的经济利益不能确定是否流出企业，更不能确定结果是否会导致资产减少或负债增加，流出额也暂时无法确定，所以也不能将预计下月需要支付的水电费确认为相关费用。

⑩ 会计信息质量要求

会计人员随便记一下经济信息就可以吗？能在经济业务发生后很久才记录业务数据吗？不可以，会计信息的记录要符合会计信息质量要求，大致包括八项内容，如图 1-4 所示。

图 1-4　会计信息质量要求

可靠性。要求企业应以实际发生的交易或事项为依据进行确认、计量和报告，如实反映符合确认和计量要求的会计要素及其他相关信息，保证会计信息真实可靠、内容完整。

相关性。要求企业提供的会计信息应与投资者等财务报告使用者的经济决策需要相关，有助于管理者、投资者等财务报告使用者对企业过去、现在或未来的情况作出评价或预测。

可理解性。要求企业提供的会计信息应清晰明了，方便管理者、投资者等财务报告使用者理解和使用。

可比性。要求企业提供的会计信息应相互可比，包括同一企业不同时期可比和不同企业相同会计期间可比。同一企业不同时期可比要做到同一企业不同时期发生的相同或相似的交易或事项应采用一致的会计政策，不得随意变更；不同企业相同会计期间发生的相同或相似的交易或事项，应采用规定的会计政策，确保会计信息口径一致、相互可比，不同企业按照一致的确认、计量和报告要求提供有关会计信息。

实质重于形式。要求企业应按照交易或事项的经济实质进行会计确认、计量和报告，不仅仅以交易或事项的法律形式为依据。

重要性。要求企业提供的会计信息应反映与企业财务状况、经营成果和现金流量有关的所有重要交易或事项。

谨慎性。要求企业对交易或事项进行会计确认、计量和报告时应保持谨慎，不应高估资产或收益，也不应低估负债或费用。

及时性。要求企业对已经发生的交易或事项应及时进行确认、计量和报告，不得提前或延后。

⑥ 出纳与会计工作的衔接

日常经营活动中，出纳难道就只在自己的"小天地"里面活动，不与其他部门或外界接触吗？这显然不现实。先不说出纳与外界的沟通、交流，在企业内部，出纳都必须要与会计相互合作，完成企业的财会工作任务。那么，合作中有哪些衔接工作呢？

（1）传递相关凭证

一般来说，企业收到的单据、收据、收付款通知以及发票等原始凭证，都会先经过出纳之手，然后转交给会计人员。而在转交之前，出纳需要协助会计做好原始凭证的审核，大致包括图 1-5 所示的五方面审核内容。

原始凭证真实性的审核，包括看凭证日期、业务内容、数据等是否真实。外来原始凭证是否有填制单位公章或财务专用章，是否有填制人员签章。自制原始凭证是否有经办部门和经办人员签章，以及审核通用原始凭证本身的真实性

真实性

合法性 —— 原始凭证合法性审核，包括看所记录经济业务是否符合国家法律法规，是否履行了规定的凭证传递与审核程序

原始凭证合理性审核，包括看所记录经济业务是否符合企业经济活动的需要，是否符合企业制订的有关计划和预算等

合理性

完整性 —— 原始凭证完整性审核，主要看凭证各项要素是否齐全，是否有漏项情况，日期是否完整，数字是否清晰，文字是否工整，有关人员的签章是否完整，凭证的联次是否正确等

原始凭证正确性审核，主要看：①接受原始凭证单位的名称是否正确；②金额的填写与计算是否正确，包括阿拉伯数字不能连写，大小写金额要一致；③更正操作是否正确，原始凭证记录的各项内容均不得涂改

正确性

图 1-5 原始凭证审核内容

针对原始凭证正确性审核中的更正操作，如果是原始凭证金额有错，应由出具单位重开，不得在原始凭证上更正；如果是其他错误，应由出具单位重开或更正，更正处应加盖出具单位公章或财务专用章。

（2）钱款的发放

对出纳人员来说，除了发现库存现金不足和超过限额可以自行决定从银行取现或将超过限额的现金送存银行外，其他款项的支付都要有相应的凭证作为依据。

比如，员工要预借差旅费，先要在出纳处填写借款单，然后出纳人员将借款单交给相关会计人员审批，最后出纳人员才能凭借审批通过的借款单向员工支付预借的差旅费。

又比如，企业要向员工发放工资，出纳人员必须收到会计人员给出的发放工资的通知，才能向员工银行卡打款。向员工成功发放工资后，出纳人员需要将银行付款通知单交给会计人员，据以做账，这里也涉及了凭证的传递。

（3）现金和银行存款凭证的装订

实务中，凭证的填制一般由会计人员负责，因此凭证的装订也会由会计人员操作。但有两类凭证例外，现金收付款凭证和银行存款收付款凭证，它们由出纳人员填制，因此装订工作也由出纳人员负责。

出纳人员要按照凭证装订规范，正确装订现金收付款凭证和银行存款收付款凭证，然后将装订好的凭证交给会计人员保管。

注意，当出纳人员收到针对某一个员工的报销单据较多时，还要督促报销人员做好原始凭证粘贴单的使用，检查员工提交的粘贴单是否规范，确认无误后再将粘贴单连同相关原始凭证递交给会计人员。

（4）现金和银行存款的清查

每月出纳人员要按时盘点库存现金实有数，并与库存现金账面数进行核对，保证账实相符。同时还要将银行存款账面数与银行对账单余额进行核对，保证账实相符。

除此以外，在经营过程中财务部门也会定期或不定期组织现金与银行存款的清查工作，此时出纳人员就要配合会计人员执行现金和银行存款的清查。

三、出纳离职应做好交接工作

出纳不想干了，能向领导轻描淡写地说一句"我要辞职"，然后立马就走人吗？或者连"我要辞职"都不说一声，第二天直接不到企业，等相关负责人联系时才说"不干了"？这显然是不行的，因为很可能还遗留了工作需要收尾处理，也需要做好工作交接，方便接管人员快速上手。

07 要针对工作内容编制移交清册

移交清册的编制，实际上是出纳办理交接工作中的一项内容。移交清册主要记明交接时间、具体需要交接的财物、凭证和印鉴等，以及移交人、接管人员和监交人信息。下面来看一个出纳工作移交清册的范本。

实例分析

出纳人员编制移交清册

原出纳员××，因工作调动，财务部已决定将出纳工作移交给××接管，现编制如下移交清册。

（一）交接日期

××年×月×日

（二）具体财物的移交

1. 库存现金：×月×日账面余额××元，实存相符，月记账余额与总账相符。

2. 库存国库券：××元，经核对无误。

3. 银行存款余额：××万元，经编制"银行存款余额调节表"核对相符。

（三）移交的会计凭证、账簿和文件

1. 本年度现金日记账一本。

2. 本年度银行存款日记账两本。

3. 空白现金支票×张（××号至××号）。

4. 空白转账支票×张（××号至××号）。

5. 托收承付登记簿一本。

---

6. 付款委托书一本。

7. 信汇登记簿一本。

8. 金库暂存物品明细表一份，与实物核对相符。

9. 银行对账单1~10月共10本，10月未达账项说明一份。

……

（四）印鉴

1.××公司财务处转讫印章一枚。

2.××公司财务处现金收讫印章一枚。

3.××公司财务处现金付讫印章一枚。

（五）交接前后工作责任的划分：××年×月×日前的出纳责任事项由××负责；××年×月×日起的出纳工作由××负责。以上移交事项均经交接双方认定无误。

（六）本交接书一式三份，交接双方各执一份，存档一份。

移交人：××（签名盖章）　　　　　　接管人：××（签名盖章）

监交人：××（签名盖章）

(08) 要按规定办理交接手续

《中华人民共和国会计法》第四十一条规定："会计人员调动工作或者离职，必须与接管人员办理交接手续。一般会计人员办理交接手续，由会计机构负责人（会计主管人员）监交；会计机构负责人（会计主管人员）办理交接手续，由单位负责人监交，必要时主管单位可以派人会同监交。"

出纳人员交接要按照会计人员交接的要求进行。出纳人员因调动工作或离职时，要与接管人员办理清楚交接手续，做好出纳工作的前后衔接，防止账目不清、账务混乱。

出纳人员交接工作的大致内容有如下三项。

①进行财产清查，保证账账核对相符。

②进行账款核对，交接清理后将所有票、款、物编制移交表或移交清册，按册向接管人员清点，然后由移交人、接管人员、监交人三方盖章。

③将移交表或移交清册存入会计档案。

出纳人员除了要牢记移交内容，还应该严格按照交接流程办理交接手续。相关流程可参考如下内容。

（1）步骤一：交接准备

出纳人员在正式办理交接工作前，要做好以下几方面的准备工作。

①将出纳账（即现金日记账和银行存款日记账）登记完毕，并在最后一笔金额后加盖名章。

②出纳账与现金、银行存款总账核对相符，现金账面余额与实际库存现金核对一致，银行存款账面余额与银行对账单核对无误。

③在出纳账启用表上填写移交日期，并加盖名章。

④整理应该移交的各种资料，对未了事项要编写书面说明。

⑤编制移交清册，填明移交的账簿、凭证、现金、有价证券、支票簿、文件资料、印鉴和其他物品的具体名称与数量。

（2）步骤二：办理交接

出纳人员必须要在规定的期限内完成离职交接，并向接管人员交接清楚。接管人员必须认真按照移交清册当面点收实物。

①现金、有价证券要根据出纳账和备查账簿余额进行点收，接管人员发现不一致时，移交人要负责查清。

②出纳账和其他会计资料必须完整无缺，不得遗漏。若接管人员发现有短缺，由移交人查明原因，并由移交人负责在移交清册中注明。

③接管人员应该核对出纳账与总账、出纳账与库存现金和银行存款对账单的余额是否相符，若有不符，应由移交人查明原因，并在移交清册中注明，同时负责处理。

④接管人员按照移交清册点收公章，包括财务专用章、支票专用章和领导人名章等，以及点收其他实物。

⑤接管人员办理接收后，应在出纳账启用表上填写接收时间并签名盖章。

（3）步骤三：交接结束

交接完毕后，交接双方和监交人要分别在移交清册上签名或盖章。移交清册必须具备单位名称、交接日期、交接双方和监交人的职务与姓名，以及移交清册页数、份数和其他需要说明的问题和意见。

当然，如果出纳人员只是因休假、外出学习、公差等临时离岗，需要有人接替或代理的，会计机构负责人、会计主管人员或单位领导人必须指定有关人员接替或代理，同时视顶替时间长短办理部分交接手续。

如果为临时顶替，为了不耽误现金支付和各种款项的结算，可预留部分现金，由顶替人员出具收据，待出纳人员恢复工作后再按凭证列出账目，结清支出，与现金核对后办理交接。如果出纳人员离岗时间较长，甚至需要顶替或代理人员处理账务的，要将现金日记账、银行存款日记账、印章和支票等日常业务的账本与单据书面移交给顶替或代理人员，出纳人员恢复工作后再进行书面移交手续。

第二章　掌握出纳工作基本技能

　　作为出纳人员，如果不会数钱，连发票真伪都无法辨别，那还算是称职的出纳吗？负责保管的财物都保管不好，说明能力确实有待提高。会数钱，能辨别发票真伪，能保证自己负责保管的财物安全、完整，这些都是出纳人员的基本工作技能，需要切实掌握。

- 严格遵循文字与数字的书写规则
- 掌握处理纸币和硬币的方法
- 打起精神管发票
- 巧用保险柜保资金安全

一、严格遵循文字与数字的书写规则

工作中，很多出纳人员操作随意，尤其在书写方面更是"独具个性"，如写出的"3"像"8"，"1"像"7"，"5"像"6"，给他人阅读和查看带来了麻烦。一旦会计人员将数字认错，就很可能记错账，给后续对账、结账工作制造障碍。所以出纳人员一定要严格遵循文字与数字的书写规则。

01 工作中文字的书写规范

出纳人员在日常工作中难免会遇到手动填写单据或记录数据的情况，而这些单据和数据又是会计人员处理企业经济信息的源头资料，所以出纳人员在自己的工作中应规范书写。表 2-1 为文字书写规范。

表 2-1　出纳工作的文字书写规范

规　范	内　容
笔画清晰	①汉字字体理论上来说应用正楷或行书书写，但普通人并没有系统的字体书写习惯，因此只要笔画清晰即可 ②汉字笔画之间要有一定距离，不能凭借自己的书写习惯而简写或直接写成草书
字迹工整	①笔画之间有一定距离并不是说笔画之间只能机械地组合起来，书写时笔画之间要有连贯性，自然起笔和落笔，该轻写的地方轻写，该重写的地方重写 ②下笔之前要想好，尽量避免涂改文字 ③左右结构的字，书写时要注意"胖""瘦"的运用，即某个字是该"左胖右瘦"还是该"左瘦右胖"，或是左右均等。上下结构的字，要注意"宽""窄"的运用，即某个字是该"上宽下窄"还是该"上窄下宽"，或是上下均等，尽量做到结构匀称
位置合适	①填写文字时，要注意书写位置，一般应在当前行高的 2/3 或 1/2 位置为佳，这样可以方便错账更正，使原记录与修改过后的记录都清晰可见 ②书写文字时，文字底部要紧靠当前行的底线书写 ③书写文字时，要在其所在列宽范围内书写，不得超出列宽而写到其他列中

02 数字填写清晰明了

出纳人员在填写单据或记录经济业务时，书写数字要更加谨慎、仔细，一旦书写错误，就很可能引起错账。表 2-2 为数字书写的一些基础规范。

表2-2 出纳工作的数字书写规范

规 范	内 容
书写规范	①在0~9这十个数字中，0、1、2、3、6、7、8、9这几个数字的书写可以一笔完成，但4和5必须两笔书写完成 ②下笔前考虑清楚，避免书写错误，避免涂改数据 ③统一使用大写汉字，且与阿拉伯数字——对应。如壹、贰、叁、肆、伍、陆、柒、捌、玖、拾、佰、仟、万、亿、元、角、分、零、整等对应阿拉伯数字1、2、3、4、5、6、7、8、9、10、100等，不能用一、二、三、四、五、六、七、八、九、十等
字迹工整	书写数字时，可以适当倾斜，如略微向右侧倾斜60°，不需要太过方正，且同一组数字看起来倾斜角度一致
书写位置	①数字书写位置与文字书写位置相同，也以占当前行高的2/3或1/2位置为佳 ②数字是左右居中对齐，还是右对齐，根据企业会计记账规则灵活调整 ③阿拉伯数字"7"和"9"需要稍微伸出当前行的底线，其他阿拉伯数字应紧靠底线书写
阿拉伯数字书写基本要求	①"0"要闭合书写，且尽量为竖形的椭圆，防止被篡改为"9"。需要连写几个"0"时，不得连笔书写 ②"1"不能写得比其他数字短，应与2、3、4、5、6等数字的高度齐平 ③"2"的转横不能写得过于圆润，防止被篡改为"3" ④"3"的起笔处要与右侧的转弯处保持较长的距离，且转弯处要光滑，避免左右距离过窄或转弯处棱角太分明，否则容易被篡改为"5" ⑤"4"的左侧转折部分一定要棱角分明，不能圆滑，且起笔处与落笔处的距离应相对较远，防止被篡改为"6" ⑥"5"的短横要与起笔的斜线不在同一水平线上，防止被篡改为"8" ⑦"6"的起笔要与下圈有一定距离，且下圈要明显，防止被篡改为"4"或"8" ⑧"7"的横线要平直，折画不得圆润，起笔与横线末端、折线处要有较长距离，防止被篡改成"1"或"9" ⑨"8"上下两个圆圈应圆润且清晰可辨 ⑩"9"的圆圈要闭合，尾巴要稍长，且超出当前行的底线，防止被篡改成"4"

　　无论是数字的书写，还是文字的书写，出纳人员都应按照规范写法完成凭证、单据的填制，这样才能提供正确、清晰且有效的会计数据信息，为会计核算资料的真实性、可靠性和完整性提供保障。

　　另外还需要注意的是，出纳人员在填制原始凭证或者登记账簿时，要用蓝黑墨水、碳素墨水或黑色签字笔书写，不得用铅笔或圆珠笔书写，但用复写纸进行复写时可以用圆珠笔。而红色墨水或红色签字笔只能在特殊情况下使用，比如填写红字增值税专用发票、采用红字更正法冲账等。填写支票时，必须使用碳素笔书写。

二、掌握处理纸币和硬币的方法

一收到破损纸币就不知道怎么处理了？怀疑某张纸币可能是假币但又不能确定时该怎么办？怎么快速地从一沓纸币中挑选出破损纸币？这些问题的答案直接关系着出纳人员的工作效率，所以一定要熟练掌握。

03 熟知纸币和硬币的"长相"

生活中常见的纸币及不怎么常见的硬币，都是我们常说的"人民币"。对于经常和人民币打交道的出纳人员来说，熟知纸币和硬币的"长相"至关重要。

（1）纸币

纸币实际上是一种价值符号，它本质上不属于货币，只有金属货币才属于货币。但由于纸币的制作成本低，且易于保管、携带和运输，所以在日常生活中运用得比硬币更多。目前我们使用的人民币是第五套，其大致特征见表2-3。

表2-3 第五套人民币（纸币）特征

面 额	正 面	背 面	主 色	制版年份	发行时间
1元	银行行名 面额数字 兰花图案	西湖三潭印月（杭州）	橄榄绿	1999	2004年7月
			黄绿色	2019	2019年8月
5元	银行行名 面额数字 水仙花图案	泰山（泰安）	紫色	1999	2002年11月
				2005	2005年8月
			浅紫色	2020	2020年11月
10元	银行行名 面额数字 月季花图案	长江三峡-瞿塘峡夔门（重庆）	蓝色	1999	2001年9月
				2005	2005年8月
			浅蓝色	2019	2019年8月
20元	银行行名 面额数字 荷花图案	桂林山水（桂林）	棕色	1999	2000年10月
				2005	2005年8月
			黄色	2019	2019年8月

面 额	正 面	背 面	主 色	制版年份	发行时间
50 元	银行行名 面额数字 菊花图案	布达拉宫（拉萨）	绿色	1999	2001 年 9 月
				2005	2005 年 8 月
			浅绿色	2019	2019 年 8 月
100 元	银行行名 面额数字 茶花图案	人民大会堂（北京）	红色	1999	1999 年 10 月
				2005	2005 年 8 月
				2015	2015 年 11 月

由于不同面额也有不同的票面特征，这里不再详述，具体可参考相关法律、法规或条例。

（2）硬币

硬币是用金属铸造的货币，具有使用方便、耐磨损和流通寿命长的优点。第五套人民币中硬币的大致特征见表 2-4。

表 2-4　第五套人民币（硬币）特征

面 额	正 面	背 面	材 质	直径（毫米）	发行时间
1 角	行名、面额 拼音、年号	兰花	铝镁合金	19	2000 年 10 月
			不锈钢		2005 年 8 月
					2019 年 8 月
5 角	行名、面额 拼音、年号	荷花	钢芯镀铜	20.5	2002 年 11 月
			钢芯镀镍		2019 年 8 月
1 元		菊花	钢芯镀镍	25	2000 年 10 月
				22.25	2019 年 8 月

04 纸币的"摸、看、听"识别法

能够快速、准确地鉴别人民币的真伪，是出纳人员必备的工作技能。而人民币的真伪鉴别，最直接、有效的方法就是仪器鉴别法，比如用激光点钞机或磁感应鉴别仪等专门的验钞机检验人民币纸币的真伪，或者用紫光灯照射，真钞的水印在紫光灯下不可见。

那么除此之外，出纳人员还有没有别的方法用来识别纸币的真伪呢？当然有，出纳人员可以用摸、看、听等简便方法初步识别。

（1）摸

摸纸币辨别真伪时，主要是感受纸币表面的凹凸感。

真币。真币上的"中国人民银行"行名、头像、凹印手感线、盲文标记以及背面图案等，摸起来有明显的凹凸感。如果借助放大镜仔细观察，也能看到图像、文字等凸出纸面。

假币。假币摸起来比较光滑，纸面没有凹凸感。如果借助放大镜仔细观察，可以看到图像、文字等没有凸出纸面，而是整齐地填满了小坑，这是"排钉加工"过的痕迹。

（2）看

看纸币辨别真伪时，主要看纸币上的水印、安全线、光性油墨以及隐形图案数字等。具体的辨别标准如图 2-1 所示。

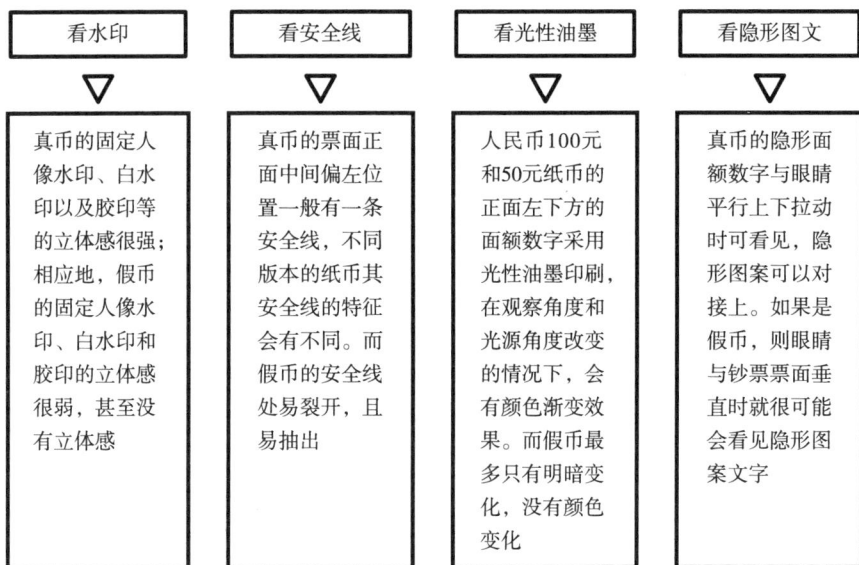

看水印	看安全线	看光性油墨	看隐形图文
真币的固定人像水印、白水印以及胶印等的立体感很强；相应地，假币的固定人像水印、白水印和胶印的立体感很弱，甚至没有立体感	真币的票面正面中间偏左位置一般有一条安全线，不同版本的纸币其安全线的特征会有不同。而假币的安全线处易裂开，且易抽出	人民币100元和50元纸币的正面左下方的面额数字采用光性油墨印刷，在观察角度和光源角度改变的情况下，会有颜色渐变效果。而假币最多只有明暗变化，没有颜色变化	真币的隐形面额数字与眼睛平行上下拉动时可看见，隐形图案可以对接上。如果是假币，则眼睛与钞票票面垂直时就很可能会看见隐形图案文字

图 2-1　看真假币

（3）听

通过"听"来辨别纸币的真伪时，真假币的特征也是比较明显的。

真币。由于真币的纸张具有耐折、不易撕裂的特点，因此轻轻抖动纸币，或者用手指轻弹纸币，又或者两只手分别拉住纸币的两端对称地拉动，都能听见清脆响亮的声音。

假币。由于假币的纸张质地较软，容易被撕裂，因此轻轻抖动时通常会发出闷响，声音不清脆，甚至没有声音。

人民币纸币有一些独有特征，出纳人员可借此辨别其真伪。

①人民币纸币采用专用钞票用纸制造。

②纸币上通常有防伪油墨，主要分为凹印油墨、荧光油墨和磁性油墨三种。

③纸币上有鲜明的民族特色设计，如民族特色图案衬托主景。

④采用先进的印刷技术印刷。

拓展贴士 *假币的常见类型及其制作手法*

①临摹仿绘假钞。这是最常见的一种假钞类型，由于仿绘手法简单，因此识别也比较容易。仿绘者使用普通的胶版纸制作，用常用的绘画颜料上色。工艺简单，质量较粗劣，与真币有明显差别。

②蜡纸版油印假钞。以蜡纸和蜡版为基础制作，先按照真币的样子在蜡纸上刻制，形成蜡版，然后按照蜡版的模子用油墨将图案和文字漏印在纸上，最后上色。因为在运用蜡版的过程中很难掌控手法的轻重以及油墨的均匀程度，所以假币颜色会深浅不一，也比较容易识别。

③手刻凸版假钞。用木板和手工雕刻的方式制作，将人民币的样式雕刻在木板上形成凸版，然后用小型机具印制而成。这种方法印制的纸币会有重叠、错位等情况，这是木板自身的纹路使油墨颜色不一、套色不准确导致的。

④拓印假钞。在真币的基础上，利用化学试剂将真币上的图案、花纹和数字等完全脱落到制作纸币的纸上，因此其图案和花纹等与真币一模一样，是很难识别的一种假币。它与真币最大的区别是脱落后形成的颜色和图案都较浅，纸张比真币纸张稍薄。

⑤石印机制假币。其制作方法与手刻凸版假钞类似，唯一的区别是将手刻凸版假钞用的木板换成了石头和机器。由于印版不平整，导致油墨外溢，因此印出的图案深浅不一，画面协调感差。

⑥复印合成假钞。这类假钞制作手法比前述几种都复杂，制作更精细，与真币的相似度很高。在复印机复印的真币图案上通过电脑合成，将复印出来的图案和花纹上色而成。它与真币最大的区别是没有防伪标记，这也是识别的关键。

⑦机器设备制作假钞。通过机器扫描真币，形成雕刻刻板，最后在中小型印刷机上批量印制，所以印制出的假币数量很大，扩散迅速，是危害最大的一类假币。由于这类假币最逼真，且制作最快速，因此是人们最难防范和识别的一类假币。

05 轻松学点钞步骤与手法

点钞是出纳人员整理并清点货币的一项专门技术，也是其工作时的一项基本技能。要想将所清点的钞票清点规整，有六个要点需注意：坐姿端正、钞票墩齐、操作定型、扎把捆紧、盖章清晰、动作连贯。

具体在点钞时的步骤如图 2-2 所示。

清点成把的纸币时，在清点前需先将腰条纸拆下，可直接勾断，也可小心将其脱去而不破坏其形状。通常为了方便查找差错，初点时采用脱去的方式，复点时可直接勾断

拆把

这是点钞的关键环节，清点速度和准确性直接影响点钞的速度和准确度。清点过程中还需要剔除损伤券和其他版面的钞券。点钞时若发现差错，还要将其记录在腰条上，并将腰条与钞券一起放置，便于日后查明原因

清点

记数是点钞的基本环节，与清点相辅相成，所以在清点的同时记数，尽可能做到记数准确

记数

清点完毕、扎把前，将纸币墩齐，便于扎把时保持钞券外观整齐。墩齐要求四条边水平，不露头或不呈梯形错开，卷角应拉平

墩齐

每一把钞券清点、墩齐完毕后，扎好腰条纸。腰条纸要求扎在钞券的1/2处，左右偏差不超过2厘米，并且要扎紧，以提起第一张钞券不被抽出为准

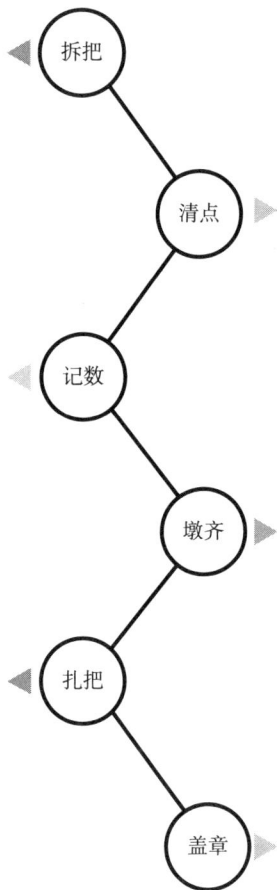

扎把

盖章是点钞过程的最后一步，即在腰条纸上加盖点钞员名章，表示对此把钞券的质量和数量负责。盖章要清晰，以看得清楚行号、姓名为准

盖章

图 2-2 点钞的基本步骤

由于当前经济市场中硬币的使用范围较小，因此这里就不再详述硬币的点钞步骤了。

知道了点钞的基本步骤，我们还需要掌握一些基本的点钞手法。

（1）机器点钞技术

随着科技发展，越来越多的企业为出纳员配置点钞机，通过机器点钞代替部分手工点钞，速度是手工点钞的数倍，在减轻出纳员劳动强度的同时，还大大提高了点钞工作的效率。虽然机器点钞不再需要出纳员手动点钞，但如何正确使用点钞机点钞也是一门学问。

点钞前，先要将点钞机放置在出纳员操作顺手的地方，如正前方或右上方；然后对点钞机进行调试，保证转速均匀，即下钞流畅、落钞整齐、点钞准确。点钞机使用步骤如图 2-3 所示。

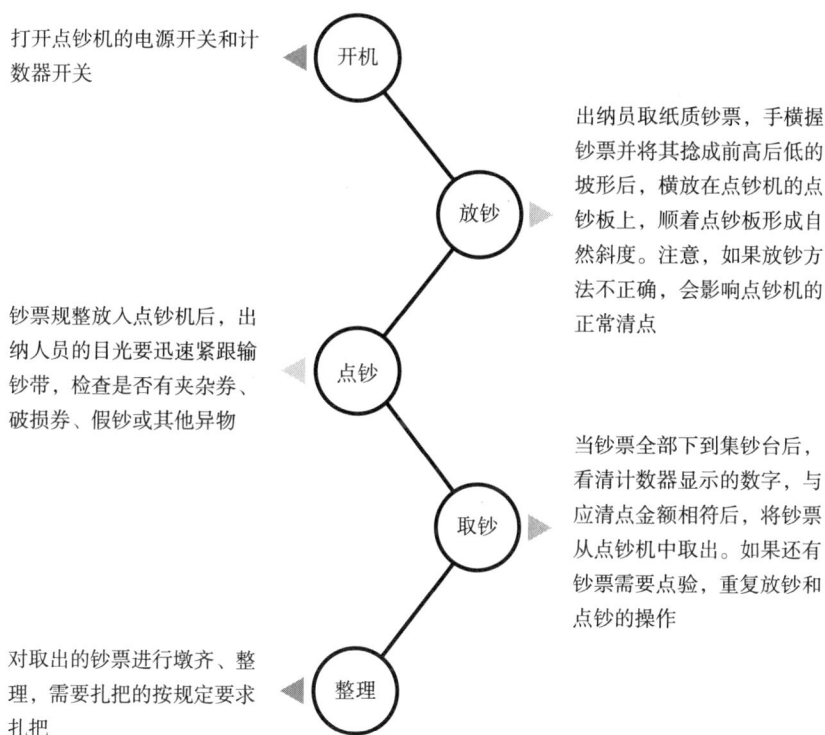

打开点钞机的电源开关和计数器开关

开机

出纳员取纸质钞票，手横握钞票并将其捻成前高后低的坡形后，横放在点钞机的点钞板上，顺着点钞板形成自然斜度。注意，如果放钞方法不正确，会影响点钞机的正常清点

放钞

钞票规整放入点钞机后，出纳人员的目光要迅速紧跟输钞带，检查是否有夹杂券、破损券、假钞或其他异物

点钞

当钞票全部下到集钞台后，看清计数器显示的数字，与应清点金额相符后，将钞票从点钞机中取出。如果还有钞票需要点验，重复放钞和点钞的操作

取钞

对取出的钞票进行墩齐、整理，需要扎把的按规定要求扎把

整理

图 2-3　点钞机的使用步骤

（2）手持式点钞法

手持式点钞法是将钞券拿在手中进行清点的方法，特点是持钞券的手没有外力支撑。这类点钞法又会根据具体的点钞手法细分为五种不同的点钞方法。

①手持式单指单张点钞。

左手横执钞券，将钞券下边缘朝向点钞人身体，左手拇指在钞券正面左侧1/4处，食指和中指在钞券背面，与拇指一起捏住钞券，无名指和小指自然弯曲并伸向钞券下边缘压住左下角，中指稍微用力弯曲并与无名指和小指一起夹住钞券，食指伸直，拇指按住钞券侧面并向上移动，将钞券压成瓦形并在桌面上轻擦。

右手拇指托住钞票正面的右上角并用指尖轻触，逐张轻轻捻动钞票，幅度要小，食指配合拇指捻动，同时左手拇指也要配合右手起助推作用，右手无名指将捻起的钞票向怀里轻点快弹，如图2-4所示。

图2-4　手持式单指单张点钞的手势

该点钞法下，清点的同时就要记数，且常用分组计数法，即1、2、3、4、5、6、7、8、9、1（为10），1、2、3、4、5、6、7、8、9、2（为20）。以此类推，数到1、2、3、4、5、6、7、8、9、10时就是100张。

这种点钞法是手工点钞法中最基本、最常用的一种，适用于收款、付款和整点各种新旧大小钞票。优点是容易发现并挑拣出假钞和损伤币；缺点是点钞速度较慢。

②手持式单指多张点钞。

手持式单指多张点钞的手法与手持式单指单张点钞类似，左手的操作与手持式单指单张点钞相同，右手由单张点钞变成多张点钞。

因此，该点钞法与手持式单指单张点钞相比，只有右手一次点钞数量和计数法不同，大致手势是相同的。

该点钞法也适用于收款、付款和整点工作，优点是计数简单省力、效率高；缺点是右手一指捻动多张钞票时不能看到中间部分的全部票面，所以不易发现假钞和残破币。

③手持式双指双张点钞。

先将一把钞券正面朝上横放，然后持把，左手小指在钞券左端背面，无名指在券前夹住钞券，中指和拇指扶住钞券上、下端，食指顶住钞券正面中部，拇指用力向上推起钞券下边缘，使钞券向上呈斜面的弧形。

右手食指和中指捻动钞券右上角，食指捻第一张，中指捻第二张，捻动幅度不宜过大，一次点两张记一个数，50 个数为 100 张。

这种方法使用较少，这里就不再配图展示。但该方法的适用范围我们也应该清楚，主要适用于收款、付款和整点新旧币和主币、角币等，计数省力、效率高，但能看见的券面少，不利于发现假币和挑出残缺币。

④手持式多指多张点钞。

手持式多指多张点钞法也叫手持式四指拨动点钞法，或叫手持式四指四张点钞法。

左手拇指和小指先放在钞券正面，其余三个手指放在钞券背面，将钞券压成瓦形；接着右手推起钞券时左手变换各手指的位置，无名指和小指夹住钞券的左下端，拇指向钞券上端伸出卡住钞券，钞券背面的三个手指稍微用力，使钞券右上角稍微向后倾斜成弧形，便于点数，同时这三个手指稍微弯曲抵住钞券背面中上部。

右手拇指贴在钞券的右上角，余下四个手指并拢，从小指开始每指一张捻动钞券，并往下弹钞，重复捻钞和弹钞动作，一次点四张记一个数，25 个数为 100 张，如图 2-5 所示。

⑤手持式扇面点钞。

手持式扇面点钞是将一把钞券捻成扇面状进行清点的方法，关键操作是开扇。

左手拇指在券前，食指和中指在券后，一起捏住钞券左下角 1/3 处，无名指和小指自然弯曲；右手拇指在券前，其余四个手指横在券后约 1/2 处，用虎口卡住钞券，将其压成瓦形。以左手为轴，左手拇指和持票的位置为轴心，右手拇指用力将钞券往外摊，右手食指和中指将钞券往点钞人怀里方向转过来后向外甩动，同时左手拇指和食指从右向左捻动，左手捻和右手甩要同时进行。这就是开扇操作。

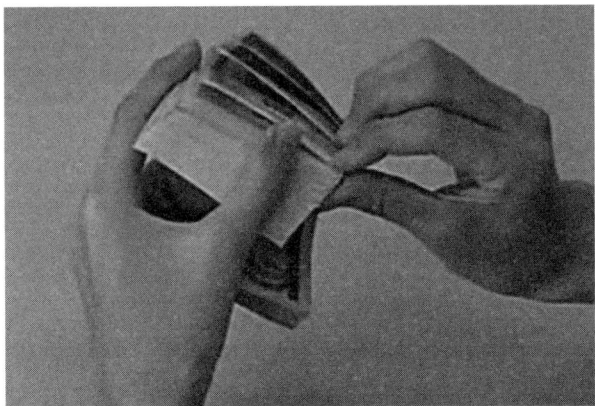

图 2-5　手持式四指拨动点钞的手势

注意，在捻动过程中，轴可以改变位置，但不能消失，扇面就会慢慢打开。扇面不要开得太大，否则出纳人员难以抓钞；也不要开得太小，不利于清点；更不要将钞券的上下方都打开，这是错误的开扇，既不利于持钞，也不方便清点。

左手持扇面，右手中指、无名指和小指托住钞券背面，拇指一次性按五张或十张钞券，按下的钞券由右手食指压住，接着右手拇指按第二次、第三次……以此类推，如图 2-6 所示。

图 2-6　手持式扇面点钞的手势

这种方法如果一次按五张为一组，记满 20 组为 100 张；如果一次按十张为一组，记满 10 组为 100 张。

手持式扇面点钞法适用于整点新券和复点工作，点钞效率高。但由于点钞时钞券的可视面积极小，因此不利于挑出残破券和鉴别假钞，也就不适用于整点新旧币混合的钞券。

（3）手按式点钞法

手按式点钞法是指利用办公桌将需要清点的钞券按压在桌面上，借助外力进行清点的点钞法。手按式点钞法可参考手持式点钞法进行细分，这里只简单介绍手按式单指单张点钞。

将钞券横放在桌面上并正对点钞人，左手持钞且手腕接触桌面，右手腕部稍微抬起。左手中指放在钞票上面，无名指和小指放在钞票下面，中指和无名指夹住钞票左侧短边。

右手将钞票右侧翻起，使其自然形成微扇，并用左手拇指和食指抓住翻起的钞票短边的两端，右手的食指和中指搭在左手的食指上，拇指将离点钞人自己最近的一个钞票角向其对角线拨动，幅度要小，此时无名指配合弹钞动作，钞面不需要弯曲得太厉害，右手食指和中指不要离开左手食指。随着剩余钞票减少，左手拇指和食指要配合向前推送钞票，便于右手点钞，如图 2-7 所示。

图 2-7　手按式单指单张点钞

该点钞方法的计数法与手持式单指单张点钞法的计数法一样，通常采用分组计数法。当数到 1、2、3、4、5、6、7、8、9、10 时就为 100 张。

这种方法适用于收款、付款和整点各种新、旧、大、小钞券，同时也适合清点辅币或损伤币较多的捆把钞券。

因为点钞时其可视面积较大，易发现和挑拣假币与损伤币。但是这种点钞方法的劳动强度比手持式单指单张点钞法大，清点速度较慢。

> **拓展贴士** *手工清点硬币的方法*
>
> 作为出纳人员，工作中难免会收到硬币，因此需要懂得手工清点硬币的方法，保证硬币管理的规范性。
>
> 清点硬币时，一般包括整理、清点和计数等步骤，简单介绍如下：
>
> 整理：清点硬币前，先将不同面值的硬币分类码齐排列好，通常按五枚或十枚为一摞。有条件的，可将硬币放置在一个宽度比硬币直径稍宽的槽中进行固定放置，避免散乱。
>
> 清点：右手拇指和食指配合，从右向左分组清点硬币。
>
> 计数：清点的同时进行计数，根据实际情况选取计数方法。

06 区分疑似假币和确定假币的处理方法

假币可以分为伪造币和变造币。伪造币指利用各种非法手段重新仿造真币所形成的假币；变造币指以真币为基础，经过挖补、涂改、剪接或揭层等手段加工而成的假币。

无论是伪造币还是变造币，在没有明确证据证明其属于假币前，将其统称为疑似假币，而在确定其为假币后，将其统称为确定假币。

对于疑似假币和确定假币，出纳人员要掌握各自的处理方法。

（1）对疑似假币的处理方法

出纳人员在收取纸币时，如果怀疑某钞券是假币，但又不能确定就是假币，此时出纳人员不能随意加盖假币戳记，也不能立即没收，应该向持币人说明情况，并将疑似假币送交假币鉴定机构（一般为中国人民银行当地分支机构或中国人民银行授权的当地鉴定机构）进行鉴定。

同时，出纳人员还要向持币人开具注明面值和疑似假币号码的临时收据，以表明持币人的付款行为和企业的收款行为，但最终是否实际收到款项，还要看疑似假币的鉴定结果。

注意，出纳人员要在收到疑似假币之日起三日内向假币鉴定机构提出书面鉴定申请。在获得机构无偿提供的鉴定货币真伪服务后，企业会收到鉴定机构出具的由中国人民银行统一印制的"货币真伪鉴定书"，上面会加盖货币鉴定专用章和鉴定人名章。

实例分析

出纳对疑似假币的处理正确吗

某公司出纳员鲜某在 2022 年 5 月 5 日收到一张疑似假币，鲜某当即告知持币人要没收其钞票。这种做法正确吗？

解析：鲜某的做法不正确。

在还没有确定所收取的钞券是假币前，出纳人员应先告知持币人自己怀疑钞券是假币，然后向持币人开具注明面值和疑似假币号码的临时收据。

与此同时，鲜某要在 5 月 8 日前向公司所在地的假币鉴定机构提出书面鉴定申请，在获得机构无偿提供的鉴定货币真伪服务后，根据鉴定机构出具的由中国人民银行统一印制的"货币真伪鉴定书"，进行假币没收或真币收取的操作，同时告知持币人；如果是假币，还需要持币人另行支付钱款。

（2）对确定假币的处理方法

出纳人员在收取纸币时，如果按照规定的方法确定所收取的纸币是假币，则应向持币人说明假币的情况并立即进行没收处理，进而将假币上缴给中国人民银行或办理人民币存取业务的金融机构，同时配合相关机构追查假币来源，阻止假币继续流通。

由此可见，发现疑似假币与确定假币后，在处理程序上有明显不同。出纳人员应严格按照处理流程办事。

07 正确挑选损伤人民币

损伤人民币是指票面或币面的完整性被破坏的人民币。而形成损伤币的原因大致有自然磨损、保管不善以及其他原因。损伤纸币的表现主要有：破裂、水湿、霉烂、油浸、污染变色、熏焦、烧毁、虫蛀和鼠咬等。损伤硬币的表现主要有：严重磨损、残缺和变形等。

出纳人员要正确挑选损伤币，就需要熟知什么样的人民币才是损伤币。判断依据有图 2-8 所示的一些标准。

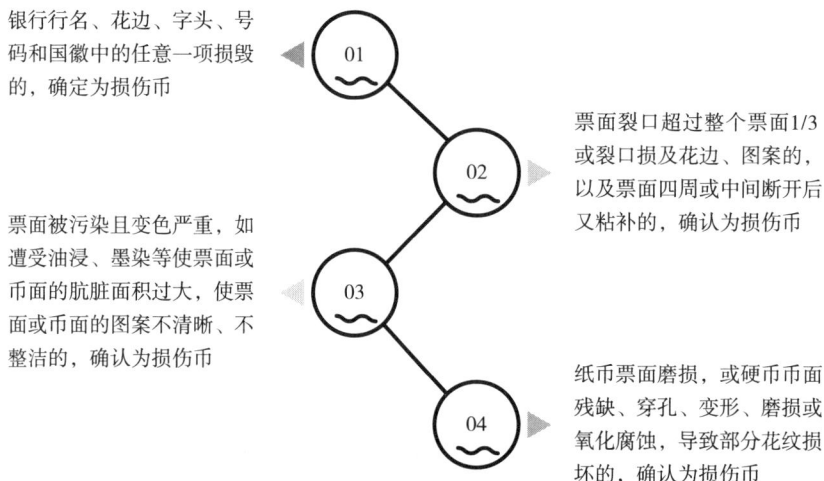

银行行名、花边、字头、号码和国徽中的任意一项损毁的，确定为损伤币

01

02
票面裂口超过整个票面1/3或裂口损及花边、图案的，以及票面四周或中间断开后又粘补的，确认为损伤币

票面被污染且变色严重，如遭受油浸、墨染等使票面或币面的肮脏面积过大，使票面或币面的图案不清晰、不整洁的，确认为损伤币

03

04
纸币票面磨损，或硬币币面残缺、穿孔、变形、磨损或氧化腐蚀，导致部分花纹损坏的，确认为损伤币

图 2-8　损伤人民币的判断依据

如果企业或个人只能将损伤币上缴给相关机构，没有其他补救措施的话，那么对企业或个人来说就会白白损失经济利益，这显然是不合理的。因此，中国人民银行根据《中华人民共和国人民银行法》和《中华人民共和国人民币管理条例》，制定了《中国人民银行残缺污损人民币兑换办法》。

根据人民币损伤程度，实行不同的兑换办法，见表 2-5。

表 2-5　损伤币的兑换办法

兑换办法	适用的损伤币损伤程度
全额兑换	能辨别面额，票面剩余 3/4（含 3/4）以上，其图案、文字等能按原样连接的残缺、污损人民币
半额兑换	①能辨别面额，票面剩余 1/2（含 1/2）至 3/4 以下，其图案、文字能按原样连接的残缺、污损人民币 ②纸币呈正十字形缺少 1/4 的残缺人民币 ③五分按半额兑换的，兑付两分
不予兑换	①兑付额不足一分的 ②票面残缺超过整个票面 1/2 的 ③故意挖补、涂改、剪贴、拼凑或揭去一面的 ④不能辨别面额的

金融机构在办理残缺、污损人民币兑换业务时，应向残缺、污损人民币持有人说明认定的兑换结果。

残缺、污损人民币持有人同意金融机构认定结果的，对兑换的残缺、污损人民币纸币，金融机构应当面将带有本行行名的"全额"或"半额"戳记加盖在票面上；对兑换的残缺、污损人民币硬币，金融机构应当面使用专用袋密封保管，并在袋外封签上加盖"兑换"戳记。如果残缺、污损人民币持有人同意金融机构认定的不予兑换结果，则不予兑换的残缺、污损人民币应退回给原持有人。

残缺、污损人民币持有人对金融机构认定的兑换结果有异议的，经持有人要求，金融机构应出具认定证明并退回该残缺、污损人民币。

三、打起精神管发票

可能很多人会想，不就是发票吗，按照经济业务实际情况开具就行了，还需要打起精神管理发票？切记，发票关系着国家税收，因此发票的管理十分严格，一旦企业在发票的管理工作上出现问题，就很可能陷入纳税风险，给自身带来经济损失和信誉风险。

⑧ 常见的发票格式

在我国，发票主要指增值税发票，而目前主要的发票票种有五类。

（1）数电票

数电票是全面数字化的发票，是与纸质发票具有同等法律效力的全新发票，不以纸质形式存在、不用介质支撑、不需申请领用。

电子发票通过标签管理将多个票种集成归并为电子发票单一票种，设立税务数字账户，实现全国统一赋码、智能赋码发票开具金额总额度、自动流转交付。数电票目前主要包括电子发票（增值税专用发票）和电子发票（普通发票），分别如图 2-9 和图 2-10 所示。

（2）增值税专用发票

增值税专用发票是指增值税纳税人销售货物或提供应税劳务开具的发票，是购买方支付增值税额并可按照增值税有关规定据以抵扣增值税进项税额的凭证。

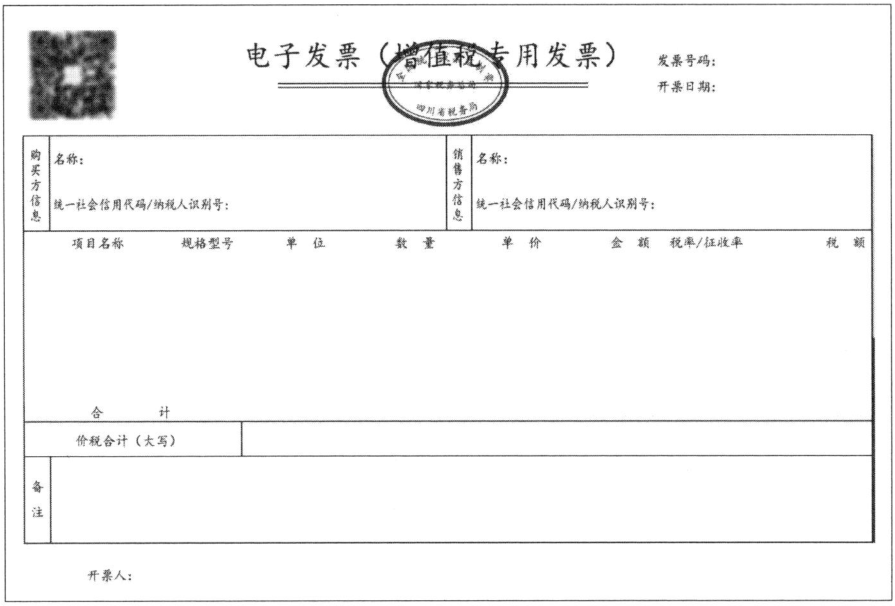
电子发票（增值税专用发票）
发票号码：
开票日期：

购买方信息	名称： 统一社会信用代码/纳税人识别号：	销售方信息	名称： 统一社会信用代码/纳税人识别号：

项目名称	规格型号	单位	数量	单价	金额	税率/征收率	税额
合计							
价税合计（大写）							
备注							

开票人：

图 2-9　**电子发票**（增值税专用发票）

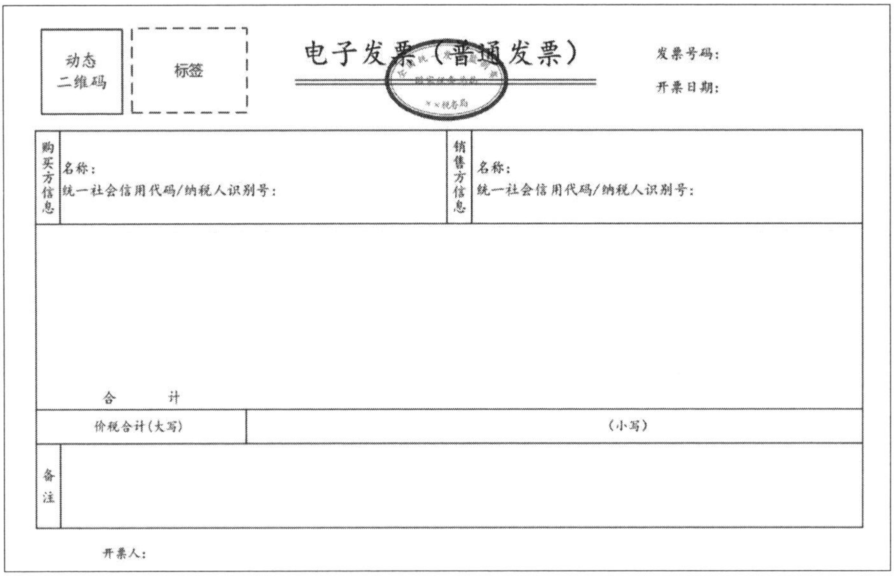
动态二维码
标签
电子发票（普通发票）
发票号码：
开票日期：

购买方信息	名称： 统一社会信用代码/纳税人识别号：	销售方信息	名称： 统一社会信用代码/纳税人识别号：

合计	
价税合计（大写）	（小写）
备注	

开票人：

图 2-10　**电子发票**（普通发票）

专用发票基本联次有三联：发票联（买方核算采购成本和增值税进项税额的记账凭证）、抵扣联（购买方报送主管税务机关认证和留存备查的凭证）和记账联（销售方核算销售收入和增值税销项税额的记账凭证），如图 2-11 所示。

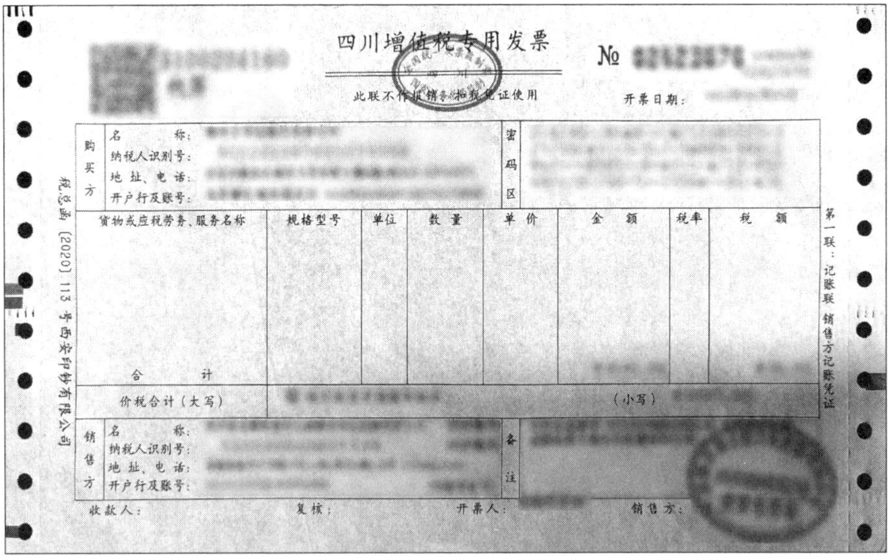
四川增值税专用发票
№
此联不作报销、扣税凭证使用
开票日期：
购买方 名称：纳税人识别号：地址、电话：开户行及账号：
密码区
货物或应税劳务、服务名称 | 规格型号 | 单位 | 数量 | 单价 | 金额 | 税率 | 税额
合计
价税合计（大写） （小写）
销售方 名称：纳税人识别号：地址、电话：开户行及账号：
备注
收款人： 复核： 开票人： 销售方：
税总函〔2020〕113号西安印钞有限公司
第一联：记账联 销售方记账凭证

图 2-11 纸质增值税专用发票

（3）增值税普通发票

增值税普通发票是指增值税纳税人销售货物或提供应税劳务、服务时，通过增值税税控系统开具的普通发票。它包括纸质增值税普通发票、卷式发票和通信费电子发票。样式分别如图 2-12、图 2-13 和图 2-14 所示。

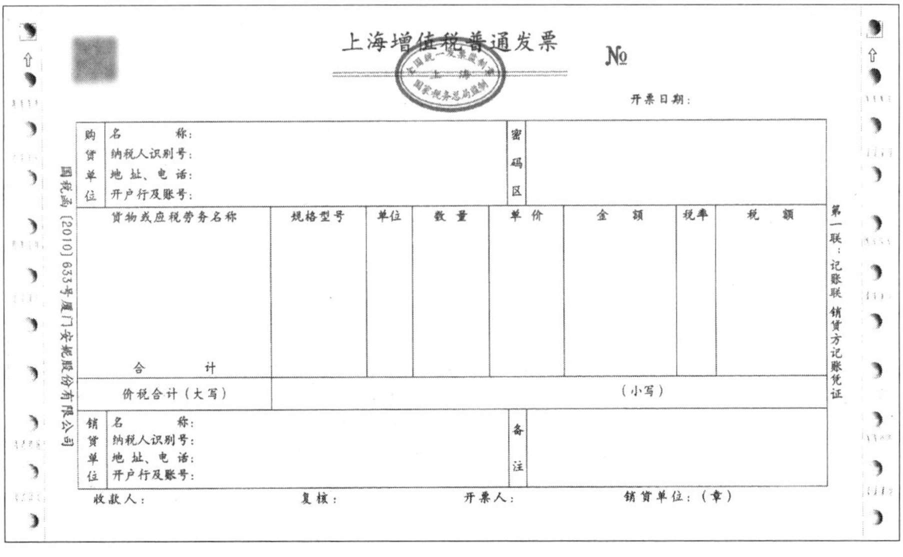
上海增值税普通发票
№
开票日期：
购货单位 名称：纳税人识别号：地址、电话：开户行及账号：
密码区
货物或应税劳务名称 | 规格型号 | 单位 | 数量 | 单价 | 金额 | 税率 | 税额
合计
价税合计（大写） （小写）
销货单位 名称：纳税人识别号：地址、电话：开户行及账号：
备注
收款人： 复核： 开票人： 销货单位：（章）
国税函〔2010〕633号厦门安妮股份有限公司
第一联：记账联 销货方记账凭证

图 2-12 纸质增值税普通发票

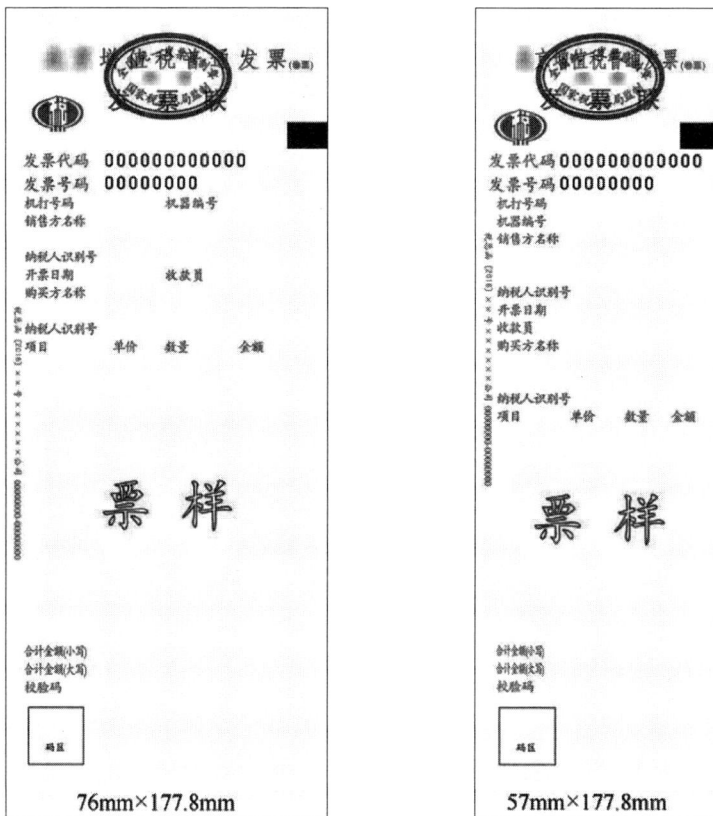

图 2-13　增值税卷式发票

图 2-14　增值税电子普通发票（通行费）

增值税普通发票（卷票）为定长发票，发票宽度有 76mm 和 57mm 两种，长度固定为 177.8mm。发票的基本联次为一联，即“发票联”，包含的基本内容有发票名称、发票监制章、发票联、发票代码、发票号码、黑标定位符和二维码等。

增值税普通发票（卷票）印制的二维码中包含发票代码和发票号码信息，用于发票查验时的快速扫描录入。

（4）机动车销售统一发票

如图 2-15 所示为机动车销售统一发票样式。

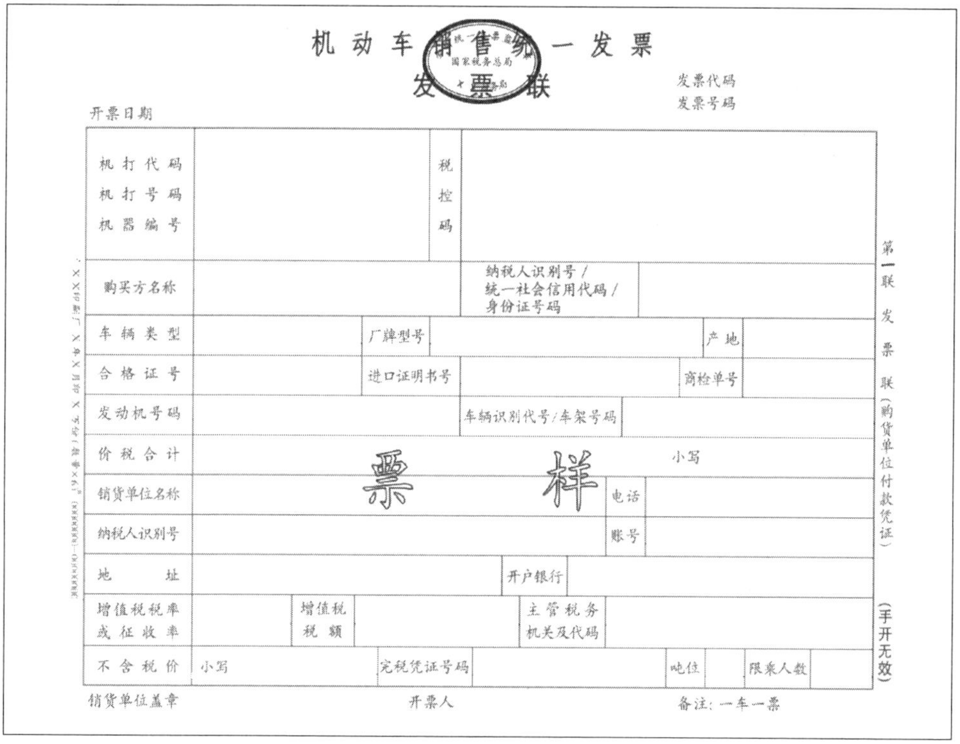
机动车销售统一发票

发票联

发票代码
发票号码

开票日期

机打代码 机打号码 机器编号		税控码			
购买方名称		纳税人识别号／统一社会信用代码／身份证号码			
车辆类型		厂牌型号		产地	
合格证号		进口证明书号		商检单号	
发动机号码		车辆识别代号／车架号码			
价税合计		小写			
销货单位名称		电话			
纳税人识别号		账号			
地址		开户银行			
增值税税率或征收率		增值税税额		主管税务机关及代码	
不含税价	小写	完税凭证号码		吨位	限乘人数

销货单位盖章　开票人　备注：一车一票

第一联 发票联（购货单位付款凭证）（手开无效）

票样

图 2-15　机动车销售统一发票（规格 241mm × 177mm）

机动车销售统一发票是指凡从事机动车零售业务的单位和个人，从 2006 年 8 月 1 日起，在销售机动车（不包括销售旧机动车）收取款项时开具的发票。

（5）二手车销售统一发票

二手车销售统一发票指二手车经销企业、经纪机构和拍卖企业在销售、中介和拍卖二手车收取款项时，通过开票软件开具的发票，如图 2-16 所示。

图 2-16　二手车销售统一发票（规格 241mm × 178mm）

09 网络平台自行查验发票真伪

单位或个人取得增值税发票后，如果实在无法凭借自身能力确定发票的真伪，可以登录国家税务总局官网，找到"发票查询"入口进行查询。大致操作如下所述。

①进入国家税务总局官网，将鼠标光标移动到"纳税服务"选项卡处，在弹出的列表框中单击"发票查验"超链接，如图 2-17 所示。

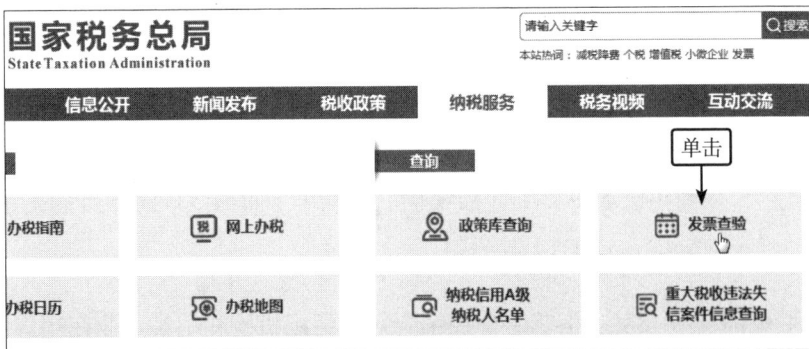

图 2-17　单击"发票查验"超链接

②在打开的新页面中输入发票代码、发票号码、开票日期、开具金额（不含税），单击"点击获取验证码"按钮，输入验证码，单击"查验"按钮，如图2-18所示。即可查询到发票真伪的查验结果。注意，当输入开票日期后，系统会提示输入校验码，具体从发票上获取。

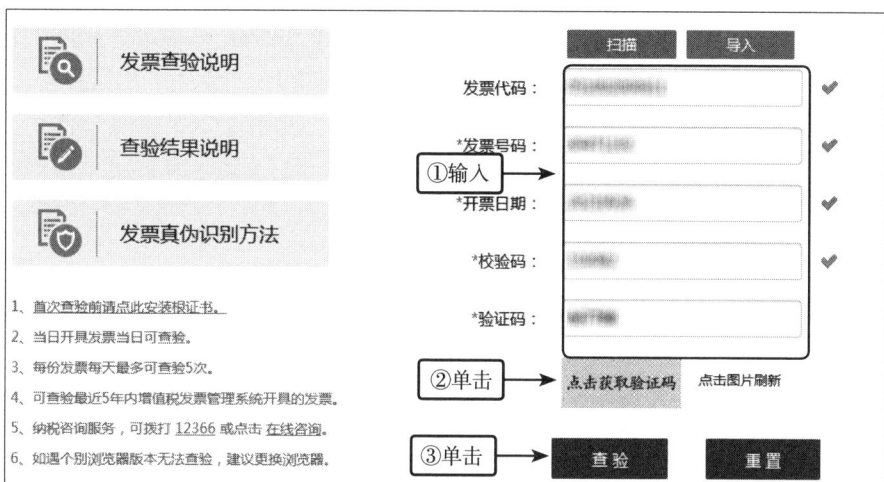

图 2-18 输入发票信息进行查询

这里要说明的是，如果纳税人是首次查验发票，那么需要先按照网页上的操作说明安装根证书，然后才能进行发票查验操作。直接单击图2-23所示的页面中的"首次查验前请点此安装根证书"超链接，然后按照页面提示进行操作即可。

在该页面中，纳税人还可通过"发票查验说明"，知晓可查验的发票类型、可查验的发票时间范围以及每天每张发票可在线查询的次数。通过"查验结果说明"，可知晓发票查验结果的具体含义。具体查验结果及相关说明有如下三种。

a.纳税人输入的发票校验信息与税务机关电子信息一致：显示相关的发票详细信息，如发票已被开具方作废，则在查验结果中显示"作废"标识。

b.纳税人输入的发票校验信息与税务机关电子信息至少有一项不一致：显示查验不一致的结果信息。

c.纳税人输入的发票校验信息无法在税务机关的电子信息中查到：显示查无此票的结果信息。

注意，当日开具的发票当日可查验。

⑩ 向税务机关申请鉴别发票真伪

发票的用票单位和个人除了可以自行通过国家税务总局进行发票真伪查验，也有权向税务机关申请对发票进行真伪鉴别。

收到用票单位或个人的发票真伪鉴别申请的税务机关，在确保申请人报送资料齐全且符合法定形式后，应受理并负责鉴别发票的真伪，具体又分不同的情况办理。

①能够当场鉴别的，出具"税务事项通知书"（发票真伪鉴定结果通知）。

②不能当场鉴别的，或者鉴别有困难的，制作"税务事项通知书"（受理通知），提请发票监制税务机关协助鉴别。

③如果申请鉴别的发票是在伪造、变造现场或者买卖地、存放地查获的发票，应由税务机关进行鉴别。

四、巧用保险柜保资金安全

我就直接把现金锁在办公桌的抽屉里，不行吗？行啊，但你一定要保证现金是安全的，一旦现金被盗或者遗失，出纳人员需要负责。因此，为了减少现金被盗的可能性，出纳人员可以督促企业配置保险柜，用来放置现金、企业的重要印鉴以及其他有价证券。

⑪ 如何才能选用合适的保险柜

企业为了保证自身现金、印鉴和其他重要资料的安全，通常会购置保险柜，但是不是只要是保险柜就可以呢？并不是。不同的保险柜有不同的作用，如果大材小用，就会给企业增加购置成本以及维护负担；如果功能不足，又无法真正起到保护作用。

要选用合适的保险柜，先要了解保险柜的类型。按照不同的划分依据，可以分为不同的种类。

按功能划分。保险柜可分为防火保险柜、防盗保险柜、防磁保险柜以及防火防磁保险柜等。其中防火保险柜和防盗保险柜使用较广泛。

按密码工作原理划分。保险柜可分为机械保险柜和电子保险柜。机械保险柜是早期保险柜的主要形式，价格相对便宜，性能较好；电子保险柜是采用智能控制方式将电子锁应用到保险柜中，需要通过电子密码或 IC 卡等解锁，使用方便，但价格通常会比机械保险柜高。

很显然，选用保险柜要从企业实际需求出发。比如生产车间的保险柜，要选用既可防火也要防盗的保险柜；其他部门需要的保险柜，可以选用只有防盗功能的保险柜。但财会部门放置的保险柜就需要防火、防盗、防磁等功能齐全的，因为企业内部所有库存现金、重要印鉴、重要资料以及相关有价证券等都放置在财会部门的保险柜中，一旦失窃，损失惨重。

除了"选"合适的保险柜，还要合适地"用"保险柜，以充分发挥保险柜的财产保护作用。保险柜的使用见表 2-7。

表 2-7　保险柜的使用

使用要求	说　　明
每个保险柜应配置两把钥匙	①一把由出纳人员按要求使用和保管，另一把由单位财务负责人、总会计师或保卫人员保管。这样可有效预防因突发事件发生而影响保险柜的正常使用，比如出纳员临时外出 ②出纳人员不能将钥匙交给其他人代为保管
密码管理	出纳人员应自行单独保管保险柜密码，不得将密码告知其他任何人；若出现出纳员离职的情况，新任职的出纳员应第一时间修改密码
只能由出纳员开启并使用	①出纳人员是保险柜的唯一使用人和最终负责人，出纳人员以外的任何人都不得自行开启或使用保险柜。如果因业务检查需要或其他突发事件确实需要由其他人开启和使用保险柜的，企业应对此做出相关的明确规定，并由单位负责人和财务负责人等同意后方可开启并使用 ②如果出纳人员休假或请假两天及以上，且没有将工作交接给其他人，出纳人员应在保险柜的锁孔处贴上封条，待重新上岗时再揭开封条，正常使用
严格遵守使用范围	①保险柜只能放置企业的现金、存折、空白支票、凭证、收据、印章和其他重要资料等与出纳工作相关的东西 ②保险柜内的现金应逐日逐笔登记现金日记账，有价证券或存折等应分类登记；若有其他贵重物品，也应单独造册登记 ③出纳人员应严禁将自己或他人的私人物品存放在保险柜中
放置维护	①保险柜应放置在办公室内干燥、通风的地方，避免被腐蚀或受潮，同时还要做好防虫防鼠措施 ②出纳人员应定期清理保险柜，保持柜内外整洁、有序；若保险柜发生故障，应及时送修，防止泄密或被盗
被盗的处理	出纳人员发现保险柜被盗，应第一时间报告当地公安机关及企业领导，并保护好现场，配合公安机关勘察。如果出纳人员发现由自己粘贴在保险柜锁孔处的封条在返岗之前被撕开或锁孔被破坏，也应立即向公安机关和企业领导报告

⑫ 现金、印章和有价证券管理

存放在企业内部保险柜中的现金，通常是银行核定的企业库存现金限额以内的现金，它的保管和使用要严格遵守现金管理办法，详细知识将在下一章具体讲解。而存放在保险柜中的印章、印鉴，可参考下列规定进行管理。

①印章和印鉴不得私自携带外出使用，确因工作需要携带外出的，必须在外出前报经总经理批准。

②出纳人员不得擅自将印章、印鉴交由他人代管，更不得让其他人代为盖章。

③出纳人员要定期清点企业印章、印鉴的枚数，确保印章、印鉴没有丢失。若发现丢失，应及时向领导和公安机关报告，并采取相应措施止损。

④出纳人员不得在空白凭证上加盖印章，确因工作需要加盖的，必须在空白凭证上注明"仅供 ×× 使用"之类的用途说明。

⑤若因出纳人员保管不善造成印章、印鉴丢失，或因把关不严造成用印后的重大错误或损失的，私自留存或非法使用印章、印鉴的，视情节严重程度给予处分，触犯法律的移交司法机关处理。

有价证券是用于证明持有人或该证券指定的主体对特定财产拥有所有权或债权的凭证。当有价证券数量较多时，需设置"有价证券保管登记簿"，登记有价证券的数量、面额和到期时间等信息。其他纸质汇票、本票等，也需要妥善保管，设置相应的票据登记簿，记录各种票据的数量、金额和到期时间等信息。

第三章　管单据，做现金收付账

　　我们常说的出纳管钱，最直接的就是管理现金。你以为这样就完事儿了吗？错！出纳人员不仅要保管和监督企业合理使用现金，还需要填制现金收付款凭证，且现金日记账的登记也是出纳人员的工作，另外还要负责保管一些原始单据。需要注意的是，不同的出纳人员其工作内容可能不同。

- 牢记现金管理制度
- 收款，钱从哪里来
- 付款，钱到哪儿去
- 逐日逐笔登记现金日记账

一、牢记现金管理制度

没有规矩，不成方圆。企业要做好管理工作，制度建设必然不能少，现金管理也一样。出纳人员处理现金收付账，一定要依据与现金有关的制度、办法或规定，这样才能减少工作出错的概率，同时为企业管理好现金。

⑴ 日常工作中现金管理基本规定

出纳工作要实事求是，因此需要明白日常工作中的一些现金管理基本规定，见表 3-1。

表 3-1　现金管理的日常管理规定

规　　定	内　　容
收付合法	各单位在收、付现金时必须符合国家有关方针、政策和规章制度的规定，如现金的来源和使用必须合法，现金收付必须在合法范围内进行
钱账分管	俗话说，管钱的不管账，管账的不管钱。如管现金的出纳员不得兼管收入、支出、债权债务账簿的登记、稽核工作，也不得兼管会计档案保管工作
日清月结	出纳员要将每天发生的现金收付业务记入现金日记账，结出每天的库存现金余额，并将账面余额与实际库存现金数额核对，保证账实相符。现金日记账至少每月结一次账，这就是日清月结
收付两清	现金收付要做好复核，确保不出差错。做到收付款当面点清，同时督促其他人当面点清现金。有差错当面解决，以保证收付两清
减少使用	单位和个人在经济活动中，应尽可能采用转账方式进行结算，减少使用现金
当日送存	开户单位现金收入应于当日送存开户银行，当日送存确有困难的，由开户银行确定送存时间

除此以外，日常工作中出纳人员还需要牢记并遵守现金使用的"八不准"，如图 3-1 所示。

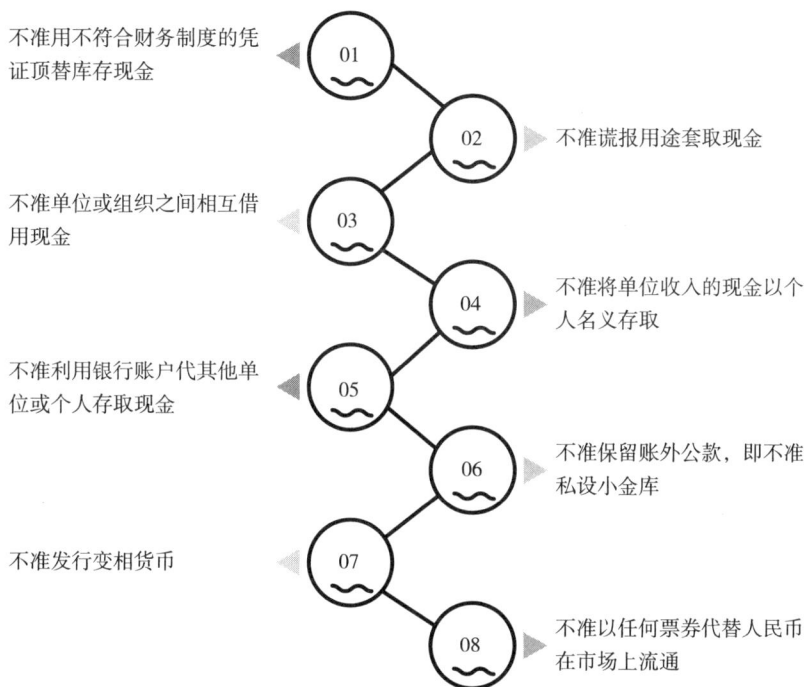

图 3-1　现金使用"八不准"

不准用不符合财务制度的凭证顶替库存现金 ◀ 01

02 ▶ 不准谎报用途套取现金

不准单位或组织之间相互借用现金 ◀ 03

04 ▶ 不准将单位收入的现金以个人名义存取

不准利用银行账户代其他单位或个人存取现金 ◀ 05

06 ▶ 不准保留账外公款，即不准私设小金库

不准发行变相货币 ◀ 07

08 ▶ 不准以任何票券代替人民币在市场上流通

拓展贴士 *什么样的行为是发行变相货币*

变相货币指单位签发的、以货币单位标示面值的，并在市面上流通转让的各种有价证券和凭证。中国人民银行规定，凡单位签发以货币单位标示面值的各种有价证券、凭证，并在市面上流通转让者，皆构成变相发行货币。需要发行股票、企业债券等，必须经人民银行审批后方可进行。

---

⑩ 哪些业务才能使用现金

作为一名出纳人员，必须要清楚，不是所有的经济业务都能以现金结算。根据我国《现金管理暂行条例》的规定，开户单位之间的经济往来，除了按该条例规定的范围可以使用现金外，其他款项的支付应当通过开户银行进行转账结算。

换句话说，如果经济业务在该条例规定的范围以外，就不能使用现金结算，而应采用银行转账结算。那么该条例规定了怎样的现金使用范围呢？如下所述：

"①职工工资、津贴；

②个人劳务报酬；

③根据国家规定颁发给个人的科学技术、文化艺术、体育等各种奖金；

④各种劳保、福利费用以及国家规定的对个人的其他支出；

⑤向个人收购农副产品和其他物资的价款；

⑥出差人员必须随身携带的差旅费；

⑦结算起点以下的零星开支；

⑧中国人民银行确定需要支付现金的其他支出。"

上述条款中，关于结算起点，它是可以调整的，调整为多少，由中国人民银行确定，报国务院备案。

实际工作中，除上述第五、六项外，开户单位支付给个人的款项，超过使用现金限额的部分，应当以支票或银行本票支付；确需全额支付现金的，经开户银行审核后，予以支付现金。这里的"现金限额"就是指结算起点。

而针对第五、六项，企业从开户银行提取现金，应当写明用途，由本单位财会部门负责人签字盖章，经开户银行审核后，予以支付现金。

另外，企业因采购地点不固定、交通不便、生产或市场急需、抢险救灾以及其他特殊情况必须使用现金的，开户单位应当向开户银行提出申请，由本单位财会部门负责人签字盖章，经开户银行审核后，予以支付现金。

还有，对个体工商户、农村承包经营户发放的贷款，应当以转账方式支付。对确需在集市使用现金购买物资的，经开户银行审核后，可以在贷款金额内支付现金。

未在开户银行开户的个体工商户、农村承包经营户异地采购所需货款，可以通过银行汇兑方式支付。凡加盖"现金"字样的结算凭证，汇入银行必须保证现金支付。

拓展贴士 *认识什么是坐支*

开户单位支付现金时，直接从本单位的现金收入中支付，这就是坐支现金。我国《现金管理暂行条例》第十一条（二）规定，"开户单位支付现金，可以从本单位库存现金限额中支付或者从开户银行提取，不得从本单位的现金收入中直接支付（即坐支）。因特殊情况需要坐支现金的，应事先报经开户银行审查批准，由开户银行核定坐支范围和限额。坐支单位应定期向开户银行报送坐支金额和使用情况。"

03 放在企业里的现金有限额规定

放在企业里的现金就是我们常说的库存现金，企业可以保管的库存现金并不是越多越好，也不是想保管多少就能保管多少，它有明确的限额规定。各级人民银行会严格履行其金融主管机关的职责，负责对企业在开户银行的现金管理进行监督和稽核。

通俗地说，库存现金限额就是国家规定由开户银行给各开户单位核定的一个保留现金的最高额度。开户银行在核定开户单位的库存现金限额时，需遵循一定的原则：既要保证开户单位的日常零星现金支付的合理需要，也要尽量减少现金的使用。一个企业在几家银行开户的，由一家开户银行为其核定库存现金限额。

经开户银行核定的库存现金限额，开户单位必须严格遵守。因经济业务发展，需要增加或减少库存现金限额的，开户单位应向开户银行提出申请，由开户银行核定。

库存现金限额由开户银行与开户单位根据具体情况商定。通常，开户银行应根据实际需要，核定开户单位 3~5 天的日常零星开支所需的库存现金限额。距离银行较远或边远地区、交通不便地区的开户单位，其库存现金限额的核定天数可多于 5 天，但最多不超过 15 天的日常零星开支。

需要特别说明的是，"日常零星开支"不包括企业每月发放工资和不定期支付差旅费等大额现金支出。

04 什么是备用金管理制度

什么是备用金呢？其实很好理解，就是企业准备好的供日后企业部门或员工使用的款项，准确地说，就是企业拨付给企业内部用款单位或职工个人作为零星开支的备用款项。注意，这里的内部用款单位应是非独立核算的用款单位。

企业拨付的备用金，根据管理的需要，可采用一次性备用金或定额备用金制度，会计处理上在"其他应收款——备用金"明细账户中进行核算。

企业备用金的基本管理要求有以下三点。

①备用金应指定专人负责管理。

②备用金按照规定用途使用。

③备用金不得转借给他人或挪作他用。

那么，备用金的适用范围具体怎么界定呢？实际工作中，它主要用于小额零星报销费用支出如图3-2所示。

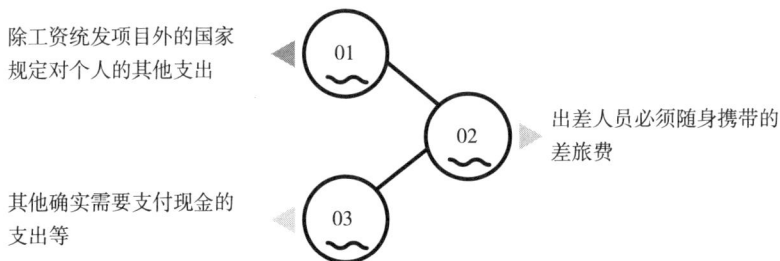

除工资统发项目外的国家规定对个人的其他支出

出差人员必须随身携带的差旅费

其他确实需要支付现金的支出等

图3-2　企业备用金的使用范围

备用金使用范围内的不同用途，对应的用法也会有差别，简单介绍如图3-3所示。

预支
备作差旅费、零星采购

用于
零星开支

一般按估计需用的数额领取，支用后一次报销，多退少补

可实行定额备用金制度，由指定的备用金负责人按规定数额领取，领用部门应根据各种费用凭证编制费用明细表，定期向财会部门报销，收回部门或员工支用的备用金，或者让其补足原定额

若有前账未清，不得继续预支备用金

保留意见的审计报告

图3-3　备用金不同用途的使用规则

备用金管理包括借支管理和保管管理，具体的内容见表3-2。

表 3-2 备用金的借支管理和保管管理内容

管理项目	管理内容
借支管理	①企业各部门填制"备用金借款单"，财会部门借此核定部门的零星开支，出纳人员凭借该借款单据向部门或个人支付现金 ②各部门的零星开支备用金一般不得超过规定数额，如果遇到特殊需要，应由企业经济部门核准 ③各部门发生零星开支备用金的借支后，应将取得的正式发票定期送到财会部门备用金管理人员（即出纳人员）手中，冲转借款或补充备用金
保管管理	①备用金收支应设置"备用金"账户，并编制"收、支日报表" ②定期根据取得的发票编制备用金支出一览表，及时反映备用金支出情况 ③备用金账户应做到逐月结清 ④出纳人员应妥善保管各种与备用金相关的票据

为了完善备用金管理制度，我们可以在制度中细分出包括但不限于以下五个制度，见表 3-3。

表 3-3 备用金管理制度的细分制度

细分制度	说　明
批准制度	企业对于哪些部门、哪些业务实施备用金管理，应建立一个规范的申请、批准制度
定额管理制度	对于批准使用备用金的部门，企业必须建立一个定额管理制度，并根据各部门的需要，事先核定一个科学合理的备用金定额
日常管理责任制度	要建立日常管理责任制度，明确使用部门必须对备用金指定专人管理，管理人员必须执行的现金管理制度以及按规定确定的适用范围和开支权限，明确接受财会部门的管理和定期报账等各项责任
清查盘点制度	必须建立清查盘点制度来要求财会部门对备用金组织定期或不定期相结合的清查盘点工作，防止备用金被挪用或滥用，保证备用金的安全、完整
审查入账制度	建立审查入账制度，促使财会部门严格审核备用金使用部门报销的所有票据，然后方能付款、记账

备用金的管理不论采用何种办法，都应严格备用金的预借、使用和报销的手续制度。下面来看一个具体的备用金管理制度的大致结构。

实例分析

备用金管理制度

一、总则

为了加强公司对有关部门及各项目部备用金的管理，规范借款行为，防止资金流失、坐支、挪用、他用，加强各项备用金管理，提高资金监管工作效率，特制定公司备用金操作流程及管理规定。

二、备用金适用范围及分类

……

三、备用金管理原则

3.1 公司严格执行资金（含备用金）由集团公司统一管理原则。

3.2 备用金借支和归还时间约定原则

……

3.3 备用金使用原则

……

四、备用金借支标准

4.1 公司各级出纳员（或办事处的代理员）

1. 集团公司出纳员的备用金管理标准：100 000.00 元 / 次（或日）。

2. 各子公司出纳员的备用金借支标准：50 000.00 元 / 次（或日）。

3. 各分公司出纳员的备用金借支标准：30 000.00 元 / 次（或日）。

4. 各办事处代理员的备用金借支标准：20 000.00 元 / 次（或日）。

4.2 公司各级别人员备用金借支标准

……

4.3 公司业务事项借支金额标准

……

五、备用金借支流程

……

八、罚则

……

九、附则

9.1 本办法由公司财务部负责解释。

9.2 本办法自下发之日起生效实施。

05 按月做现金盘查防舞弊

现金盘查可理解为我们常说的现金盘点或者现金清查，是指出纳人员协助企业定期或不定期对本企业的库存现金及银行存款进行清查、盘点，以确保现金安全、完整。

企业可以建立健全现金清查制度，达到切实监督出纳人员工作的目的。同时防止企业内部现金丢失或被盗，也帮助企业尽早发现贪污和挪用公款等不法行为。

企业建立的现金清查制度，具体规定要包括如图 3-4 所示内容。

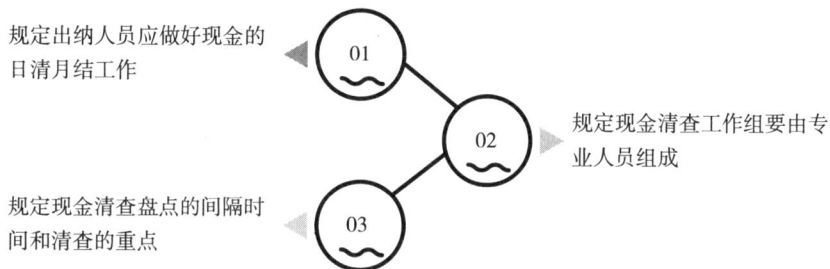

图 3-4 现金清查制度包含的主要内容

据实践经验可知，现金清查盘点的工作重点主要有图 3-5 所示的四点。

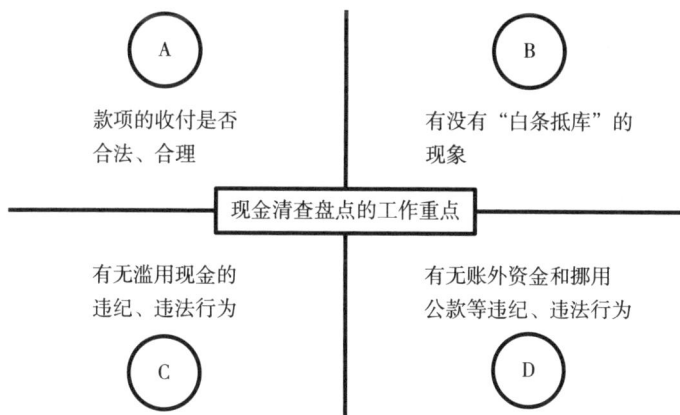

图 3-5 现金清查盘点的工作重点

在现金清查盘点工作中，通常由出纳人员根据实际盘点情况编制"现金清查盘点报告表"，常用格式如图 3-6 所示。

现金清查盘点报告表

单位名称：　　　　　　　　　年　月　日　　　　　　　单位：元

清点现金			核对账目		
货币面值	张数	金额	项　　目	金额	备注
100元			现金账面余额		
50元			加：收入凭证未记账		
20元			减：付出凭证未记账		
10元			调整后现金账面余额		
5元			实点现金		
2元			长款（+）		
1元			短款（-）		
5角					
2角					
1角					
5分					
2分					
1分					
实点合计					
财务主管：			出纳员：		

图 3-6　现金清查盘点报告表

财会人员根据现金清查盘点的结果，如盘盈、盘亏或者账实相符，分别进行账务处理。

当现金盘盈时，即清查盘点出的现金实有数大于账面数，此时按照现金的实有数调增现金的账面数。

当现金盘亏时，即清查盘点出的现金实有数小于账面数，此时按照现金的实有数调减现金的账面数。

如果账实相符，则不做账务处理。

通过建立现金清查制度，可及时发现企业内部现金溢余或短缺的问题，尤其是短缺，从而及时找出财务舞弊行为，避免企业遭受重大经济损失。

二、收款，钱从哪里来

没有钱，企业的业务能开展起来吗？试想一下，如果没有钱，拿什么买原材料，怎么生产产品，又怎么获得营收？或者说，没有钱，拿什么买商品，又怎么获得销售收入？所以，企业要顺利经营，需要具备一定的初始资金，而经营过程中也会不断有资金流入。

06 从银行提取现金

按常理来说，企业设立经营，获得的投资者投入的初始成本会全部转入企业的银行账户，以备后续经营使用，此时不涉及“库存现金”账户核算。

而企业根据现金管理暂行条例的规定，需要保留一些现金在企业内部作为库存现金，供日常零星开支。此时出纳人员要从银行账户中提取现金。

又或者，企业要以现金形式向员工发放工资，出纳人员也需要先从银行账户中提取现金，然后用现金向员工发工资。

无论是哪种情况，出纳人员从银行提取现金，都会使企业的库存现金增加，同时银行存款减少，涉及的会计分录如下：

借：库存现金

　　贷：银行存款

当出纳人员从银行提取现金时，需要编制银行存款付款凭证，如图 3-7 所示。这里要特别注意，无论是从银行提取现金，还是将超过库存现金限额的现金送存银行，都只编制相应的付款凭证，而不需要编制收款凭证，这样做的目的是避免重复记账。

付　款　凭　证

贷方科目：银行存款　　　　年　月　日　　　　银付字第　号

摘　要	借方总账科目	明细科目	记账√	金额										
				亿	千	百	十	万	千	百	十	元	角	分
合计（大写）：														

附件　张

会计主管：　记账：　出纳：　审核：　制单：

图 3-7　银行存款付款凭证

实例分析

出纳人员从银行取现补充库存现金

2×22 年 5 月 9 日，某公司出纳员元某去银行取现 8 000.00 元，以补充公司的库存现金。此时出纳人员要根据银行开具的银行存款付款通知填制银行存款付款凭证，记银付字 3 号凭证，如图 3-8 所示，涉及的会计分录如下：

付 款 凭 证

贷方科目：银行存款   年 月 日   银付字第 3 号

摘 要	借方总账科目	明细科目	金 额											附
			亿	千	百	十	万	千	百	十	元	角	分	件
取现		库存现金					8	0	0	0	0	0		1
														张
合计（大写）：捌仟元整							8	0	0	0	0	0		

会计主管：   记账：   出纳：元×   审核：   制单：元×

图 3-8 从银行取现填制银行存款付款凭证

借：库存现金   8 000.00

    贷：银行存款   8 000.00

    虽然该案例中的企业因从银行提取现金而使得库存现金增加了，理论上来说需要编制现金收款凭证。但按照规定，只能填制付款凭证，所以这里填制银行存款付款凭证。

07 收到现金营业款

    企业在生产经营过程中，并不是所有销售业务都会收到购买方的银行转账，一些买方会直接支付现金款，此时要做现金收款的账务处理。注意，收到的现金营业款不能直接填补企业的库存现金，而应该在收到现金款的当天由出纳人员将款项送存银行。

    ①收到现金营业款时，填制现金收款凭证，涉及会计分录如下：

借：库存现金

    贷：主营业务收入

        应交税费——应交增值税（销项税额）

    ②当天将现金营业款送存银行，填制现金付款凭证，会计分录如下：

借：银行存款

    贷：库存现金

实例分析

收到购买方支付的现金价款并送存银行

某公司为增值税一般纳税人，2×22 年 5 月 9 日与购买方签订产品销售合同，当天发出商品并确认收入，买方当天支付含税货款 7.91 万元。向购买方开具增值税专用发票，如图 3-9 所示，注明不含税价款 70 000.00 元，税率 13%，税额 9 100.00 元。当天，出纳人员收到货款后，需要根据增值税专用发票和合同，填制现金收款凭证，即现收字 3 号，如图 3-10 所示。涉及的会计分录如下：

×× 增值税专用发票					NO.××××××××		
发 票 联					开票日期：2×22 年 5 月 9 日		
购买方	名称：×××××××× 纳税人识别号：×××××××× 地址、电话：×××××××× 开户行及账号：		密码区		×××××××××××××××××× ×××××××××××××××××× ×××××××××××××××××× ××××××××××××××××××		
货物或应税劳务、服务名称 ×× 产品	规格型号 ××	单位 ××	数量 ××	单价 ××	金额 70 000.00	税率 13%	税额 9 100.00
价税合计（大写）	柒万玖仟壹佰元整			（小写）¥79 100.00			
销售方	名称：×××××××× 纳税人识别号：×××××××× 地址、电话：×××××××× 开户行及账号：		备注		收取现金		
复核：××		开票人：××			销售方：××公司		

图 3-9 开具的增值税专用发票

<table>
<tr><td colspan="15" align="center">收 款 凭 证</td><td></td></tr>
<tr><td colspan="3">借方科目：库存现金</td><td colspan="4" align="center">2×22 年 5 月 9 日</td><td colspan="9">现收字第 3 号</td></tr>
<tr><td rowspan="2">摘 要</td><td rowspan="2">贷方总账科目</td><td rowspan="2">明细科目</td><td rowspan="2">记账√</td><td colspan="10" align="center">金 额</td><td rowspan="4">附件 2 张</td></tr>
<tr><td>亿</td><td>千</td><td>百</td><td>十</td><td>万</td><td>千</td><td>百</td><td>十</td><td>元</td><td>角</td><td>分</td></tr>
<tr><td>收到营业款</td><td>主营业务收入</td><td></td><td></td><td></td><td></td><td></td><td></td><td>7</td><td>0</td><td>0</td><td>0</td><td>0</td><td>0</td><td>0</td></tr>
<tr><td></td><td>应交税费</td><td>应交增值税（销项税额）</td><td></td><td></td><td></td><td></td><td></td><td>9</td><td>1</td><td>0</td><td>0</td><td>0</td><td>0</td></tr>
<tr><td colspan="4">合计（大写）：柒万玖仟壹佰元整</td><td></td><td></td><td></td><td></td><td>7</td><td>9</td><td>1</td><td>0</td><td>0</td><td>0</td></tr>
<tr><td>会计主管：</td><td>记账：</td><td>出纳：×× </td><td colspan="4"></td><td colspan="4">审核：</td><td colspan="4">制单：××</td></tr>
</table>

图 3-10 填制现金收款凭证

借：库存现金   79 100.00

    贷：主营业务收入   70 000.00

        应交税费——应交增值税（销项税额）   9 100.00

出纳人员当天收到的营业款要及时送存银行，并填制现金付款凭证，记现付字 3 号，如图 3-11 所示。涉及的会计分录如下：

图 3-11　填制现金付款凭证

借：银行存款   79 100.00

    贷：库存现金   79 100.00

08 预收客户支付的现金货款

企业在与客户发生交易时，有时会要求客户事先支付一定的货款，待收到货物后再支付剩余货款。此时，客户就可能用现金预付，也可能以银行存款预付。而对于企业来说，就会收到预收款项。这里我们先来了解预收的客户支付的现金货款。

由于企业与客户签订了买卖合同，客户预先支付货款时企业还未发货，因此交易尚未形成，此时不能将收到的货款确认为收入，需要通过"预收账款"科目进行核算，其会计分录如下：

借：库存现金

    贷：预收账款

当然，预收的货款当天也应该由出纳人员送存银行，不能直接作为企业的库存现金使用。

实例分析

向客户预收现金货款的处理

2×22 年 5 月 10 日，某公司与客户签订了生产设备购销合同，当天客户向公司预付了一半的货款 5.00 万元，但设备尚未发出，也没有开具增值税专用发票。出纳人员只向客户签发了收据，如图 3-12 所示。同时根据收据填制了现金收款凭证，记现收字 4 号，如图 3-13 所示。

收 据　　No

日期：2×22 年 5 月 10 日

收 到 ××公司预付货款

备注：现金

金额（大写） 零 拾 伍 万 零 仟 零 佰 零 拾 零 元 零 角 零 分 ¥50 000.00

附 注：

发据单位盖章　　会计：　　出纳：××　　经手人：××

①存根（白） ②收据（红） ③记账（黄）

图 3-12　收到货款填写收据

收 款 凭 证

借方科目：库存现金　　2×22年 5 月 10 日　　现收字第 4 号

摘 要	贷方总账科目	明细科目	记账✓	亿	千	百	十	万	千	百	十	元	角	分
预收客户货款	预收账款	××公司						5	0	0	0	0	0	0
合计（大写）：伍万元整								5	0	0	0	0	0	0

附件 2 张

会计主管：　　记账：　　出纳：××　　审核：　　制单：××

图 3-13　填制现金收款凭证

涉及会计分录如下：

借：库存现金　　　　50 000.00

　　贷：预收账款　　　　50 000.00

09 收到供应商的退款

企业向供应商支付的往往都是购货款，如果因为购买的原材料存在质量问题而收到供应商退还的部分或全部货款，此时通常要冲减已经确认的原材料的入账价值。如果收到的是现金，涉及会计分录如下：

借：库存现金

　　贷：原材料

实例分析

收到供应商以现金形式退还的购货款

2×22 年 5 月 10 日，某公司向供应商购买了一批原材料，当天材料已验收入库，款项也已支付，且收到供应商开具的增值税专用发票。但验收时公司发现材料有一定的瑕疵，于是要求供应商给予相应的价款优惠。供应商确定情况属实后，于第二天以现金方式向公司退还了购货款 0.60 万元。在收到现金退款时，出纳人员需填制收据，如图 3-14 所示，同时填制现金收款凭证，即现收字 5 号，如图 3-15 所示。

收　据　　No

日期：2×22 年　5 月　11 日

收　到	××公司退还的购货款
	备注：现金
金额（大写）	零 拾 零 万 陆 仟 零 佰 零 拾 零 元 零 角 零 分 ￥6 000.00
附　注：	

发据单位盖章　　会计：　　出纳：××　　经手人：××

①存根（白）②收据（红）③记账（黄）

图 3-14　收到退款填制收据

涉及会计分录如下：

借：库存现金　　6 000.00

　　贷：原材料　　6 000.00

收 款 凭 证

借方科目：库存现金　　2×22年 5 月 11 日　　现收字第 5 号

摘　要	贷方总账科目	明细科目	记账√	亿	千	百	十	万	千	百	十	元	角	分
收到供应商退还的货款	原材料	××材料							6	0	0	0	0	0
合计（大写）：陆仟元整									6	0	0	0	0	0

附件 3 张

会计主管：　　记账：　　出纳：××　　审核：　　制单：××

图 3-15　填制现金收款凭证

⑩ 收到赔偿款

企业在经营过程中，难免会遇到权益被他人损害的情况，此时就可能收到赔偿款。比如快递的东西发生损毁，由快递企业或快递人员赔偿；或者企业内部现金短缺，查出由出纳人员负责并赔偿等。

由于收到赔偿款并不经常发生，因此通常将其确认为营业外收入。这里介绍收到现金赔偿款，会计分录如下：

借：库存现金

　　贷：营业外收入

实例分析

收到出纳人员支付的赔偿款

2×22 年 4 月 30 日某公司进行现金清查盘点，发现库存现金与账面数相比少了 200.00 元，查明原因是出纳员在工作中因保管不善而丢失。于是决定由出纳人员负责赔偿。出纳人员在收到赔偿款时，应开具相关收据，如图 3-16 所示。同时填制现金收款凭证，记现收字 20 号，如图 3-17 所示。

收　据　　№5005121

日期：2×22 年 4 月 30 日

收　到 出纳员××补库存现金的赔偿款

备注：现金

金额（大写） 零 拾 零 万 零 仟 贰 佰 零 拾 零 元 零 角 零 分 ¥200.00

附　注：

发据单位盖章　　会计：　　出纳：××　　经手人：××

①存根（白）②收据（红）③记账（黄）

图 3-16　收到赔偿款填制收据

收　款　凭　证

借方科目：库存现金　　2×22年 4 月 30 日　　现收字第 20 号

摘要	贷方总账科目	明细科目	记账✓	亿	千	百	十	万	千	百	十	元	角	分
收到出纳员赔偿款	营业外收入									2	0	0	0	0
合计（大写）：贰佰元整										2	0	0	0	0

附件 3 张

图 3-17　填制现金收款凭证

借：库存现金   200.00

    贷：营业外收入   200.00

⑪ 收到员工罚款及收回员工借款

相信很多企业都会制定员工考勤管理制度，其中包括员工迟到罚款的规定，按常理来说，这类罚款会在核算员工当月工资时进行扣除，不需要员工另行支付。但实际工作中难免会有员工直接支付罚款的情况。另外，员工出差后退回没有用完的差旅费，或者采购办公用品后退回没有用完的内部借款时，也会涉及现金的收取业务。

如果是收到员工罚款，会计分录与收到赔偿款的相同。如果是收到员工退回的差旅费或内部借款，需要根据员工所在部门，做不同的账务处理。

借：库存现金

    管理费用——差旅费 / 销售费用——差旅费等

    贷：其他应收款

在上述会计分录中，"库存现金"科目核算员工退回的没有用完的差旅费或内部借款；"管理费用"或"销售费用"科目核算员工实际使用的差旅费或内部借款；"其他应收款"科目核算员工实际预支的差旅费或预借的款项。出纳人员填制现金收款凭证时，一般不涉及费用类科目。

实例分析

收到出差员工没有用完的差旅费

2×22 年 5 月 12 日，某公司销售部员工钱某出差回公司，向出纳员提交了出差过程中的各项费用票据，同时归还没有用完的差旅费 400.00 元，出纳收到钱某的报销凭据和归还的款项时，填制收款凭证，记现收字 6 号，如图 3-18 所示。

注意，员工出差回公司进行费用报销时，出纳员要督促其填报差旅费报销单，如图 3-19 所示。

表格内容：

收 款 凭 证

借方科目：库存现金　　　　　　　2×22 年 5 月 12 日　　　　　　现收字第 6 号

摘 要	贷方总账科目	明细科目	记账√	金 额											附件
				亿	千	百	十	万	千	百	十	元	角	分	
收到销售部钱某还差旅费	其他应收款								4	0	0	0	0		3 张
合计（大写）：肆佰元整									4	0	0	0	0		

会计主管：　　记账：　　出纳：××　　审核：　　制单：××

图 3-18　填制现金收款凭证

差 旅 费 报 销 单

报销部门：销售部　　　　　　　　　　　　　　　　　　　　　　2×22年5月12日

姓名	钱×	职别	销售员	出差事由		拓展市场					

图 3-19　出差员工填制差旅费报销单

涉及的会计分录如下：

借：库存现金　　　　　　　　　　　　　400.00

　　贷：其他应收款——备用金　　　　　　　400.00

⑫ 变卖无用资产收到现金

企业经营过程中，除了发生日常活动，还可能有一些不常发生的经济活动，如变卖无用的原材料、机器设备、固定资产和无形资产等。针对这些不常发生的经济活动，取得的收入要通过"其他业务收入"科目进行核算，而非"主营业务收入"科目。

收取的金额较大时，通常以银行存款收讫，偶尔会有收取现金的情况。这里以变卖无用的原材料为例，介绍收到现金的处理。

借：库存现金

　　贷：其他业务收入

　　　　应交税费——应交增值税（销项税额）

实例分析

卖出无用的原材料后收到现金

某公司为增值税一般纳税人，2×22 年 5 月产品升级，原生产用原材料不再适用，于是在 19 日将剩余的材料对外出售，不含税价格 2.00 万元，开出增值税专用发票，注明税率 13%，税额 2 600.00 元。由于出纳人员的工作不涉及成本的结转，这里暂不考虑成本问题。收到购买方支付的现金价款时，出纳员除了要填制收据，还要填制现金收款凭证，记现收字 7 号，分别如图 3-20 和图 3-21 所示。

收　据　　　　No

日期：　2×22 年　5 月　19 日

收　到　××公司支付的原材料购买款

备注：现金

金额（大写）　零 拾 贰 万 零 仟 零 佰 零 拾 零 元 零 角 零 分 ¥20 000.00

附　注：

发据单位盖章　　会计：　　出纳：××　　经手人：××

①存根（白）②收据（红）③记账（蓝）

图 3-20　收到原材料出售价款填写收据

收　款　凭　证

借方科目：库存现金　　2×22年 5 月 19 日　　现收字第 7 号

摘　要	贷方总账科目	明细科目	记账√	亿	千	百	十	万	千	百	十	元	角	分	
出售原材料	其他业务收入							2	0	0	0	0	0	0	附件
	应交税费	应交增值税（销项税额）							2	6	0	0	0	0	2
															张
合计（大写）：贰万贰仟陆佰元整								2	2	6	0	0	0	0	

会计主管：　记账：　出纳：××　　审核：　　制单：××

图 3-21　填制现金收款凭证

涉及的会计分录如下：

借：库存现金　　　　　　　　　　　　　　　22 600.00

　　贷：其他业务收入　　　　　　　　　　　　　20 000.00

　　　　应交税费——应交增值税（销项税额）　　　2 600.00

⑬ 接受现金捐赠

企业接受捐赠是一种非交换交易，因此收入没有对等的成本存在。而且企业接受捐赠也不是经常发生的经济活动，因此，收到款项时确认为营业外收入。

借：库存现金

　　贷：营业外收入——捐赠收入

实例分析

公司收到现金捐赠的处理

某公司 2×22 年 5 月 20 日，收到外单位支付的现金捐赠款 1.50 万元。开出收据并填制现金收款凭证，记现收字 8 号，分别如图 3-22 和图 3-23 所示。

图 3-22 收到捐赠款开出收据

图 3-23 填制现金收款凭证

涉及的会计分录如下：

借：库存现金　　　　　　　　　　　　　　　　　　　15 000.00

　　贷：营业外收入　　　　　　　　　　　　　　　　　　　15 000.00

三、付款，钱到哪儿去

企业经营活动不仅可以收到钱，还会因为发生购买业务或接受劳务、服务等对外支付钱款。那么，付现业务中出纳人员又该做什么呢？

⑭ 用现金购买办公用品

虽然当前市场中各企业办公越来越趋于无纸化、电子化，但免不了还是需要准备一些办公用品，如纸、笔等。这些支出比较小额，理论上属于零星开支，主要用企业的备用金完成支付。

①如果申请人事先申请借备用金，采购好办公用品后再报销费用，多退少补，则涉及会计分录如下：

借：其他应收款　　　　　（按借备用金的金额）
　　贷：库存现金

借：管理费用　　　　　　（按实际花费的办公用品费）
　　库存现金　　　　　　（借方核算退回现金，贷方核算企业补付的现金）
　　贷：其他应收款（按借备用金的金额）

②如果采购办公用品的部门或人员先行垫付办公用品费，然后回企业报销，则会计分录更简单，如下所示：

借：管理费用——办公费　（按实际花费金额）
　　贷：库存现金

实例分析

行政部门申请借备用金购买办公用品

2×22年5月10日，行政部门申请借备用金购买办公用品，款项500.00元。出纳人员协助申请人填制借款单，如图3-24所示。

出纳人员根据财会部门审核通过的借款单，向申请人付现金，同时填制现金付款凭证，即现付字4号，如图3-25所示。

涉及的会计分录如下：

借 款 单

日期：2×22 年 5 月 10 日　　　　　Nₒ5███████

部　　门	行政部		姓名	××
借 款 事 由	采购办公用品			
借 款 金 额	（大写）零拾零万零仟伍佰零拾零元零角零分			
预计还款报销日期	2×22年5月10日		￥ 500.00	
审 批 意 见	同意	借款人	××	

右侧竖排：①存根（白）②收据（红）③记账（蓝）

发据单位盖章　　　　会计：　　　　　出纳：××

图 3-24　填制借款单

付 款 凭 证

贷方科目：库存现金　　　　2×22 年 5 月 10 日　　　　现付字第 4 号

摘　要	借方总账科目	明细科目	记账√	金　额										
				亿	千	百	十	万	千	百	十	元	角	分
员工××借备用金	其他应收款								5	0	0	0	0
合计（大写）：伍佰元整									5	0	0	0	0

附件 1 张

会计主管：　　记账：××　　出纳：××　　审核：××　　制单：××

图 3-25　填制现金付款凭证

借：其他应收款　　　　　　　　　　　　　　500.00
　　贷：库存现金　　　　　　　　　　　　　　　500.00

申请人采购办公用品回公司后，出纳人员需督促其填制费用报销单，假设购买办公用品实际花费 425.00 元，则需要向公司退还 75.00 元现金。费用报销单如图 3-26 所示。

费 用 报 销 单

报销部门：行政部　　　日期：2×22 年 5 月 10 日　　　单据及附件共 3 页　　Nₒ████████

报销项目	摘　要	金额							备注
		十万	千	百	十	元	角	分	
办公用品费	行政部门借备用金购买办公用品		4	2	5	0	0		领导审批
合计			4	2	5	0	0		
金额大写：零拾零万零仟肆佰贰拾伍元零角零分		原借款：500.00 元			应退（补）款：75.00元				

发据单位盖章　　会计：××　　出纳：××　　审核：××　　报销人：××

图 3-26　采购办公用品填制费用报销单

涉及的会计分录如下：

借：库存现金   75.00

  管理费用——办公费   425.00

  贷：其他应收款   500.00

注意，出纳人员收到报销人员返回的未使用完的现金时，仍然需要填制现金收款凭证，这里不再详述。

⑮ 现金支付水电费

企业生产经营一定会耗用水电，从而发生水电费，这是两项最基本的开支。通常，出纳人员在收到水电费的缴费通知后，直接以现金支付，而为了便于核算，除生产车间耗用水电费外，其他职能部门耗用的水电费统一确认为管理费用。而生产车间的水电费一般确认为制造费用。

借：制造费用——水电费

  管理费用——水电费

  贷：库存现金

实例分析

出纳人员缴纳 4 月份的水电费

某公司为增值税一般纳税人，2×22 年 5 月 11 日，出纳人员收到缴纳上月（4 月）水电费的通知，共发生不含税水电费 820.00 元，其中生产部门耗用 680.00 元，其余部门共耗用 140.00 元。出纳员直接用现金支付了水电费，收到供水、供电公司开具的增值税专用发票，注明水费 540.00 元，税率 9%，税额 48.60 元；电费 280.00 元，税率 13%，税额 36.40 元。出纳人员根据发票填制现金付款凭证，记现付字 5 号，如图 3-27 所示。

水电费涉及的增值税税额共 85.00 元（48.60+36.40），涉及的会计分录如下。

借：制造费用——水电费   680.00

  管理费用——水电费   140.00

付 款 凭 证

贷方科目：库存现金　　　　2×22 年 5 月 11 日　　　　现付字第 5 号

摘　要	借方总账科目	明细科目	记账√	金　额											附件
				亿	千	百	十	万	千	百	十	元	角	分
支付4月水电费	制造费用	水电费							6	8	0	0	0	0	附件 2 张
	管理费用	水电费							1	4	0	0	0	0	
	应交税费	应交增值税（进项税额）								8	5	0	0	
合计（大写）：玖佰零伍元整									9	0	5	0	0	

会计主管：　　记账：×× 　出纳：××　　　　　审核：　　　　制单：××

图 3-27　填制现金付款凭证

应交税费——应交增值税（进项税额）　　　　　　85.00

贷：库存现金　　　　　　　　　　　　　　　　905.00

⑯ 发放临时工资

工资即企业支付给受雇劳动者的劳务报酬，对于存在固定工作关系的员工，企业发放工资通常采用银行转账方式；而对于临时工的工资，由于金额通常不大，因此很多时候采取现金支付方式。

借：应付职工薪酬——工资、薪金、奖金或津贴

　　贷：库存现金

注意，在确认应支付的临时工资时，要根据临时工的工作性质，确认相关费用，如管理费用、销售费用等，因不属于出纳人员记账范围，这里省去确认的账务处理。

实例分析

出纳人员向临时工支付工资

2×22 年 5 月，某公司为了推广新产品，在 2×22 年 5 月 11~13 日期间聘用了 5 位临时工发放宣传单，每人每天工资 120.00 元。出纳人员于 13 日以现金支付了 1 800.00 元的临时工资。填制现金付款凭证，记现付字 6 号，如图 3-28 所示。

付　款　凭　证

贷方科目：库存现金		2×22 年 5 月 13 日			现付字第 6 号										
摘　要	借方总账科目	明细科目	记账√	金　额											附件
				亿	千	百	十	万	千	百	十	元	角	分	
支付临时工资	应付职工薪酬	工资						1	8	0	0	0	0	0	1 张
合计（大写）：壹仟捌佰元整								1	8	0	0	0	0	0	
会计主管：	记账：××	出纳：××			审核：××				制单：××						

图 3-28　填制现金付款凭证

涉及会计分录如下：

借：应付职工薪酬——工资、薪金、奖金或津贴　　1 800.00

贷：库存现金　　　　　　　　　　　　　　　　　1 800.00

实际工作中，出纳人员只需填制与现金业务有关的凭证，与现金无关的业务需要由会计人员填制相应的凭证。那么，出纳人员是不是只填现金收付款凭证就行了呢？当然不是，关于银行存款的收付业务，也需要由出纳人员填制相关凭证，具体内容将在本书第 4 章介绍。而除此之外，出纳人员还要负责登记现金日记账和银行存款日记账，注意，需要由填制凭证以外的出纳人员登记，本章先了解现金日记账的登记工作。

四、逐日逐笔登记现金日记账

对于企业发生的现金业务，出纳人员不仅需要填制现金收付款凭证进行记录，还需要通过账簿进行登记，以统计并反映企业当期的现金收付情况。需要出纳人员牢记的是，现金日记账每天都要登记，且要逐笔登记。

工作中，出纳人员要根据审核无误的现金收付凭证，序时逐笔登记现金日记账。而且，为了确保账簿的安全、完整，现金日记账必须采用订本式账簿，账页格式一般采用"收入（借方）""支出（贷方）"和"余额"三栏式。

每日业务终了时，出纳人员应计算、登记当日现金收入合计数、现金支出合计数以及账面结余额，并将现金日记账的账面余额与库存现金实有数进行核对，检查每日现金收入、支出与结存情况。

另外，现金日记账的登记要符合如下所述的一些要求：

①要根据复核无误的现金收付款凭证进行登记。

②账簿中记载的内容必须与会计凭证相一致，且每一笔业务都要记明凭证的日期、编号、摘要、金额和对应科目，摘要不能过于简洁。

③现金日记账必须在当日逐笔记录，并在当日结出余额。

④必须连续登记，不得跳行、隔页，不得随意更换账页和撕去账页。

⑤文字和数字必须整洁、清晰，准确无误，不得滥造简化字，不得使用同音异议字。

⑥每一账页记录完毕后，必须按规定转页，结出当月发生额合计数及余额，写在本页最后一行和下页第一行的有关栏内，并在摘要栏中注明“过次页”和“承前页”字样。

⑦现金日记账不得出现贷方余额。

⑧账簿登记发生错误时，必须按规定方法进行更正，严禁刮、擦、挖、补或使用化学药物清除字迹。规定的方法包括画线更正法、红字更正法和补充登记法。

实例分析

根据经济业务登记现金日记账

2×22 年 5 月，某公司出纳人员根据复核无误的现金收付款凭证，登记的现金日记账，如图 3-29 所示。

现金日记账

2×22年 月	日	凭证 种类	号数	对方科目	摘要	借方（百十万千百十元角分）	贷方（百十万千百十元角分）	余额（百十万千百十元角分）	核对
5					承前页			1150000	✓
5	3	记	005	管理费用	付办公室报购办公用品费		54000	1096000	✓
5	5	记	007	主营业务收入	收到营业款	1500000		2596000	✓
5	7	记	010	银行存款	取现	3000000		5596000	✓
5	7	记	011	其他应收款	付赵英借备用金		200000	5396000	✓
5	8	记	012	销售费用	付广告宣传费		250000	5146000	✓
5	9	记	013	管理费用	付办公室报购办公用品费		138000	5008000	✓
5	9	记	014	主营业务收入	收到营业款	240000		5248000	✓
5	12	记	015	管理费用	付赵英报差旅费		15000	5233000	✓
5	20	记	018	管理费用	付办公室报销通讯费		45000	5188000	✓
5	20	记	018	应付职工薪酬	付职工生活费		100000	5088000	✓
5	23	记	019	管理费用	付驾驶员车辆使用费		32400	5055600	✓
5	25	记	021	其他应收款	垫付销售部赵勇医药费		200000	4855600	✓
5	31	记	024	管理费用	付 5 月水电费		259500	4596100	✓
5	31	记	025	主营业务收入	收到营业款	560000		5156100	✓
5					本月合计	5300000	1293900	5156100	
					过次页				

图 3-29 登记现金日记账

第四章 管账户，做银行存款收付账

出纳人员怎么与银行方面对接工作？如何才能及时收到银行的收付款通知？企业的银行账户要怎么管理？银行存款账面余额与对账单不一致时该怎么处理？这些问题是出纳人员日常工作需要解决的，做好银行账户管理，如实记录并反映银行存款收付账很重要。

- 银行结算账户与个人银行账户一样吗
- 收款，银行转账更方便
- 付款，银行转账更安全
- 逐日逐笔登记银行存款日记账

一、银行结算账户与个人银行账户一样吗

什么是银行结算账户？什么是个人银行账户？通俗点说，银行结算账户包括单位银行结算账户和个人银行结算账户，所以，从概念范围来说，银行结算账户远大于个人银行账户（即个人银行结算账户）。出纳人员要想做好本职工作，明确银行结算账户的内容很重要。

⑴ 分清银行结算账户，用钱不混乱

银行结算账户相当于用来管钱的一个"罐子"，专业地说，是指存款人在经办银行开立的办理资金收付结算的人民币活期存款账户。存款人以单位名称开立的银行结算账户为单位银行结算账户，以个人名义开立的银行结算账户为个人银行结算账户。

企业要想顺利开展经营活动，一定需要开立单位银行结算账户，而根据用途不同，又可以分为四类结算账户，如图 4-1 所示。

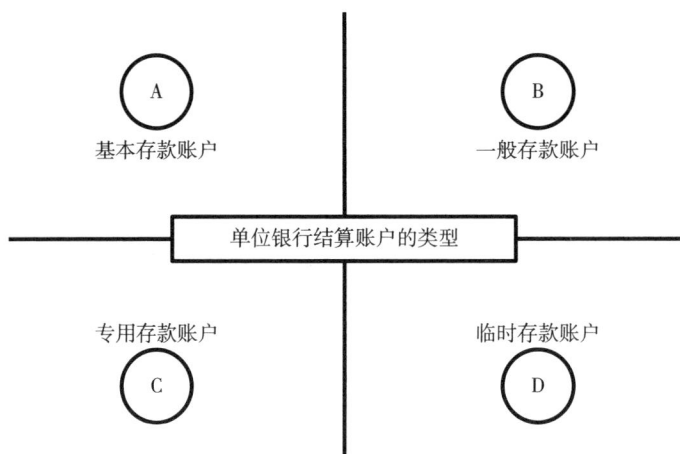

图 4-1 单位银行结算账户的类型

这四类账户的含义及具体用途如图 4-2 所示。

显然，企业经营活动需要按照这些银行结算账户的规定用途选用合适的银行账户，保证资金管理的安全性、合理性与合法性。

基本存款账户是办理转账结算和现金收付的主办账户，对于企业来说，经营活动的日常资金收付以及工资、奖金和现金的支取均可通过该账户办理。注意，一家单位只能选择在一家银行申请开立一个基本存款账户，这类账户是开立其他银行结算账户的前提

一般存款账户是存款人因借款或其他结算需要，在基本存款账户开户银行以外的银行营业机构开立的账户。该类账户没有数量限制，用于办理借款转存、借款归还和其他结算，也可以办理现金缴存，但不得办理现金支取。如企业向银行或其他金融机构借款可以使用

专用存款账户是存款人按照法律、行政法规和规章，对其特定用途资金进行专项管理和使用而开立的银行结算账户。该类账户主要用于办理各项专用资金的收付，如基本建设资金、更新改造资金、财政预算外资金、证券交易结算资金、期货交易保证金等

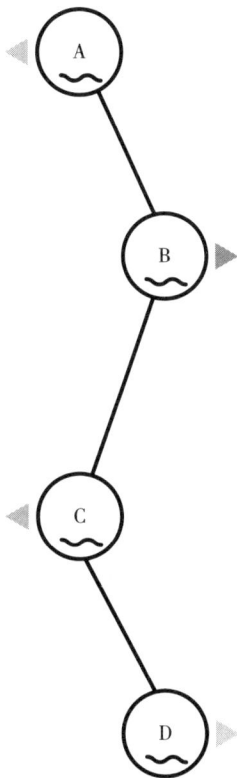

临时存款账户是存款人因临时需要并在规定期限内使用而开立的银行结算账户，主要用于办理临时机构和存款人临时经营活动发生的资金收付。比如企业因异地临时经营活动需要，可以申请开立异地临时存款账户，用于资金的收付

图 4-2　各类单位银行结算账户的用途

⑫ 怎么正确开立银行结算账户

　　由于各类银行结算账户的用途不同，因此其开立手续也会有差异，在具体了解不同类型的单位银行结算账户开立程序前，先要牢记关于单位银行结算账户的一些基本注意事项，如图 4-3 所示。

　　企业开立单位银行结算账户的，自正式开立之日起三个工作日后，可以使用账户办理付款业务。但因借款转存开立的一般存款账户除外。

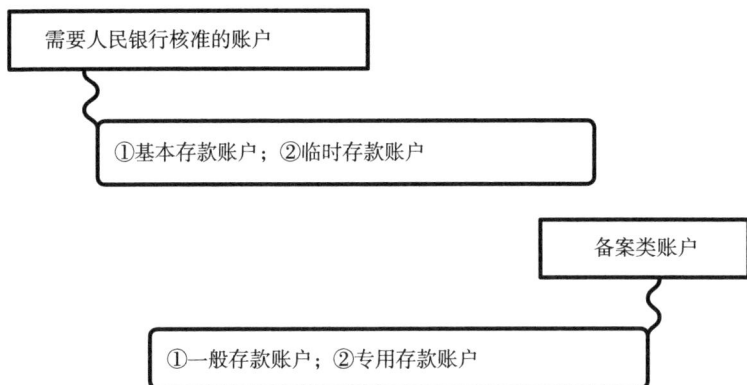

图 4-3　开立单位银行结算账户的基本注意事项

（1）基本存款账户

企业法人，非法人企业，机关、事业单位，团级（含）以上军队、武警部队以及分散执勤的支（分）队，社会团体，民办非企业组织，异地常设机构，外国驻华机构，个体工商户，居民委员会、村民委员会、社区委员会，单位设立的独立核算的附属机构等，都可以申请开立基本存款账户。

企业开立基本存款账户，可以按照图 4-4 所示的四个步骤进行。

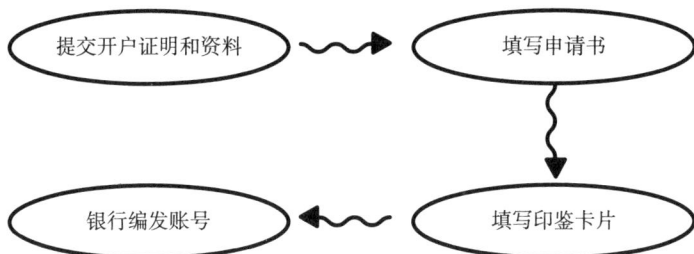

图 4-4　开立基本存款账户的流程

在提交开户证明和资料环节，不同的存款人需要提供的证明文件不同，简单说明见表 4-1。

表 4-1　不同的存款人开立基本存款账户需提供的证明文件

存款人	需提交的证明文件
企业法人	企业法人营业执照正本
非法人企业	企业营业执照正本

续上表

存款人	需提交的证明文件
机关和实行预算管理的事业单位	①政府人事部门或编制委员会的批文或登记证书 ②财政部门同意其开户的证明
非预算管理的事业单位	政府人事部门或编制委员会的批文或登记证书
军队、武警团级（含）以上单位及分散执勤的支（分）队	军队军级以上单位财务部门、武警总队财务部门的开户证明
社会团体	社会团体登记证书。若是宗教组织，还应出具宗教事务管理部门的批文或证明
民办非企业组织	民办非企业登记证书
外地常设机构	机构驻在地政府主管部门的批文
外国驻华机构	国家有关主管部门的批文或证明。若是外资企业驻华代表处、办事处，应出具国家登记机关颁发的登记证
个体工商户	个体工商户营业执照正本
居民委员会、村民委员会、社区委员会	委员会的主管部门的批文或证明
独立核算的附属机构	附属机构的主管部门的基本存款账户开户证明和批文
其他组织	政府主管部门的批文或证明

在填写申请书环节，申请人（企业）要按照要求填明单位名称、单位性质和级别、上级主管部门、营业执照注册号、单位地址和电话、资金来源和运用情况，以及生产经营范围等，并由单位盖章后交给银行审查。

在填写印鉴卡片环节，申请人应在印鉴卡上加盖单位公章和财务主管或会计经办人员名章，并确保企业在银行预留的财务公章的名称与账户名称一致。如果企业因人事变动或其他原因需要更换印鉴时，应重填印鉴卡片，开户银行会相应注销原卡片上预留的印鉴，另外启用新的印鉴。

在银行编发账号环节，主要是由银行根据企业的行政隶属关系、资金性质以及指定使用相应的科目，结合企业的顺序号，编发成银行账号。

（2）一般存款账户

企业开立一般存款账户时，可以按照图4-5所示的步骤进行。

向银行提出开立一般存款账户的申请，填制开户申请书，同时提供规定的证明文件 ◀ **01**

02 ▶ 由银行对企业的开户申请书中填写的事项和证明文件进行真实性、完整性与合规性的审查

审查后确认符合一般存款账户开户条件的，银行办理开户手续，并在基本存款账户的开户证明文件上登记一般存款账户的名称、账号、账户性质、开户银行、开户日期，并签章 ◀ **03**

04 ▶ 企业在一般存款账户开户之日起五个工作日内向中国人民银行当地分支行备案

企业从开立一般存款账户之日起三个工作日内书面通知基本存款账户的开户银行 ◀ **05**

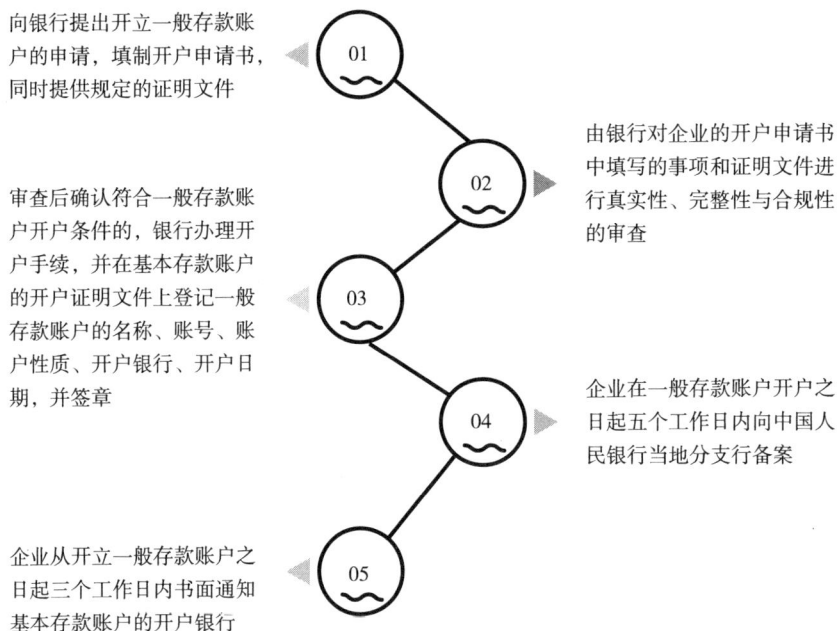

图 4-5　开立一般存款账户的流程

步骤 01 中提到的规定的证明文件主要有四项。

①企业开立基本存款账户规定的证明文件。

②企业基本存款账户的开户证明文件。

③企业因向银行借款需要，出具借款合同。

④企业因资金结算需要，出具有关证明。

（3）专用存款账户

专用存款账户的开户流程与一般存款账户的相似，如图 4-6 所示。

步骤 01 中提到的规定的证明文件包括开立基本存款账户所规定的证明文件以及如下所示的一些证明文件。

①基本建设资金、更新改造资金、政策性房地产开发资金：应出具主管部门批文。

②财政预算外资金：应出具财政部门的证明。

③粮、棉、油收购资金：应出具主管部门批文。

④单位银行卡备用金：应按照中国人民银行批准的银行卡章程的规定出具有关证明和资料。

向银行提出开立专用存款账户的申请，填制开户申请书，同时提供规定的证明文件

① 01

② 02

由银行对企业的开户申请书中填写的事项和证明文件进行真实性、完整性与合规性的审查

审查后确认符合专用存款账户属于预算单位专用存款账户的，银行将企业的开户申请书、相关证明文件和银行审核意见等资料报送中国人民银行当地分支行，经其对申报资料进行合规性审查并核准后办理开户手续。该核准程序与基本存款账户的核准程序相同

③ 03

④ 04

审查后确认企业的专用存款账户属于预算单位专用存款账户之外的其他专用存款账户，由银行直接为其办理开户手续，并在开户之日起五个工作日内向中国人民银行当地分支行备案。注意，办理开户手续时，银行应在企业的基本存款账户的开户证明文件上登记专用存款账户的名称、账号、账户性质、开户银行、开户日期并签章

企业从开立专用存款账户之日起三个工作日内书面通知基本存款账户的开户银行

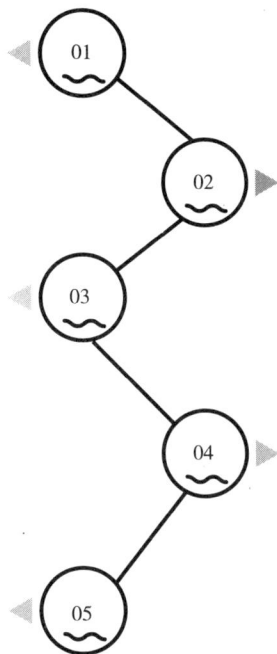

⑤ 05

图 4-6 开立专用存款账户的流程

⑤证券交易结算资金：应出具证券企业或证券管理部门的证明。

⑥期货交易保证金：应出具期货企业或期货管理部门的证明。

⑦金融机构存放同业资金：应出具金融机构的相关证明。

⑧收入汇缴资金和业务支出资金：应出具基本存款账户存款人有关证明。

⑨党、团、工会设在单位的组织机构经费：应出具有关法规、规章或政府部门的相关文件。

⑩合格境外机构投资者在境内从事证券投资：开立人民币特殊账户时，应出具国家外汇管理部门的批复文件；开立人民币结算资金账户时，应出具证券管理部门证券投资业务的相关证明。

专用存款账户由于其"专用"性，因此使用时存在一定限制。

①单位银行卡账户的资金必须由基本存款账户转账存入，且该账户不得办理现金收付业务。

②财政预算外资金、证券交易结算资金、期货交易保证金和信托基金专用存款账户，不得支取现金。

③粮、棉、油收购资金、社会保障基金、住房基金和党、团、工会经费等专

用存款账户，可支出现金。

④收入汇缴账户除了向基本存款账户或预算外资金财政专用存款账户划缴款项外，只收不付，且不得支取现金。

⑤业务支出账户除了从基本存款账户拨入款项外，只付不收，且现金支取必须按照国家现金管理的规定办理。

⑥人民币特殊账户资金不得用于放款或提供担保。

（4）临时存款账户

临时存款账户的开户手续大致分为以下五步。

①企业（即存款人）向银行提出开立临时存款账户的申请，并填制开户申请书，提供规定的证明文件。

②银行对企业开户申请书中填写的事项和证明文件进行真实性、完整性与合规性的审查。

③银行将企业的开户申请书、相关证明文件和银行审核意见等开户资料报送中国人民银行当地分支行，由其对申报资料进行合规性审查。

④核准后办理开户手续，核准程序与基本存款账户的核准程序相同。办理开户手续时，应同时在基本存款账户的开户证明文件上登记临时存款账户的名称、账号、账户性质、开户银行、开户日期并签章。

⑤银行自开立临时存款账户之日起三个工作日内书面通知企业基本存款账户的开户银行。

其中，步骤①中提及的规定证明文件，按照如下要求提供。

临时机构：应出具其驻在地主管部门同意设立临时机构的批文。

异地建筑施工及安装单位：应出具其营业执照正本或其隶属单位的营业执照正本，以及施工及安装地建设主管部门核发的相关证明文件或建筑施工及安装合同。

异地从事临时经营活动的单位：应出具其营业执照正本和临时经营地工商行政管理部门的批文。

03 如何处理银行结算账户的变更与撤销

当然，企业在经营过程中难免会因各种原因而需要更换银行结算账户，同时也可能因为一些情形的出现而需要撤销银行结算账户。

（1）银行结算账户的变更

当企业更改名称，或者更改法定代表人或主要负责人，又或者更改经营地址，甚至更改开户资料中的其他内容如邮编和电话号码等，都需要办理银行结算账户的变更。

如果企业更改名称，不改变开户银行和账号，应在五个工作日内向开户银行提出银行结算账户的变更申请，并出具有关部门的证明文件。

如果企业要变更法定代表人或主要负责人，又或者是改变经营地址及其他开户资料，应在五个工作日内书面通知开户银行并提供有关证明。

无论是哪种情况，银行在接到企业变更通知后，应及时办理变更手续，并在两个工作日内向中国人民银行报告。

（2）银行结算账户的撤销

当企业有下列情形之一，应向开户银行提出撤销银行结算账户的申请。

①企业被撤并、解散、宣告破产或关闭。

②企业注销或被吊销营业执照。

③企业因迁址需要变更开户银行。

④其他原因需要撤销银行结算账户的。

当企业有第①和②情形的，应在五个工作日内向开户银行提出撤销银行结算账户的申请，若企业尚未清偿开户银行债务的，不得申请撤销账户。

⑭ 出纳接收银行单据

企业在经营过程中，因为业务、交易的发生，可能收到银行开出的一些单据，而这些单据都与现金业务有关，于是需要出纳人员负责接收这些单据。比如银行对账单、收款通知和付款通知等。

（1）银行对账单

银行对账单是银行与企业核对账务的联系单，也是证实企业业务往来的凭证，可以作为企业资金流动的依据，也可以用来认定企业某一时段的资金规模。

银行对账单是银行客观记录企业资金流转情况的单据，反映企业的资金流转情况，具有客观性、真实性和全面性等基本特征。图4-7为一般的银行对账单格式。

××银行对账单　　币种：人民币（RMB）

打印机构：　　打印日期：　　账号：

对账	日期	摘要	票据号	付款方式	借方	贷方	余额

支出笔数：　　合计金额：

收入笔数：　　合计金额：

图 4-7　银行对账单

（2）收款通知与付款通知

当企业的银行结算账户收到或对外支付款项时，银行方会出具收款通知或付款通知，并交给企业出纳人员保管，借此做账。

由于不同银行的收款通知单与付款通知单的格式存在较大的差异，因此这里不做详细的模板展示，只需要知道出纳接收的银行单据中包括收款通知单和付款通知单即可。

除了这些单据，出纳人员还可能从银行获得现金支票存根和其他票据存根等单据，都是记账的重要依据。

05 编制银行存款余额调节表，助力会计工作

与银行对账单不同，银行存款余额调节表是企业出纳人员自行编制的一张表单，主要作用是辅助财会人员核对银行存款科目的账目，可以作为银行存款账户的附列资料进行保存。

银行存款余额调节表是一种对账记录工具，并不是凭证。它是在银行对账单余额和企业银行存款账面余额的基础上，各自加上对方已收、本单位未收的账项数额，再减去对方已付、本单位未付的账项数额，以调整双方余额使其一致的一种调节方法。

如果余额相等，初步说明企业账目无误；如果余额不相等，则可能存在未达账项或者记录错误。

图 4-8 为简单的银行存款余额调节表样式。

图 4-8　银行存款余额调节表

下面通过一个实例来看看银行存款余额调节表的运用。

实例分析

运用银行存款余额调节表来查未达账项

某公司 2×22 年 4 月 8 日进行银行对账，4 月 1 日~4 月 8 日企业银行存款日记账账面记录与银行出具的 4 月 8 日对账单资料分别如图 4-9 和图 4-10 所示。

图 4-9　企业银行存款日记账账面记录

××银行对账单

币种：人民币（RMB）

打印机构：××银行　　　　打印日期：2×22年4月8日　　　　账号：××××××

日期	摘要	账单号	借方	贷方	方向	余额	标记
2×22-04-01	期初余额				贷	150 000.00	
2×22-04-04	转支	0000501	20 000.00		贷	130 000.00	√
2×22-04-04	转支	0000602	10 000.00		贷	120 000.00	√
2×22-04-04	收入存款	0000103		10 000.00	贷	130 000.00	√
2×22-04-05	收入存款	0000544		10 000.00	贷	140 000.00	√
2×22-04-05	转支	0000185	70 000.00		贷	70 000.00	√
2×22-04-06	收入存款	0000066		70 000.00	贷	140 000.00	
2×22-04-06	付出	0000207	60 000.00		贷	80 000.00	
2×22-04-08	期末余额				贷	80 000.00	

图 4-10　银行对账单

从银行存款日记账和银行对账单可看出，2×22 年 4 月 5 日企业银行存款日记账登记的银收 003 和银付 004 的业务金额 50 000.00 和 10 000.00 没有在银行对账单中体现；同时，银行对账单中 2×22 年 4 月 6 日的收入存款金额 70 000.00 与付出金额 60 000.00 没有在银行存款日记账中体现，由此可知企业当月存在这四笔未达账项，需要编制银行存款余额调节表来查看账目是否正确，如图 4-11 所示。

银 行 存 款 余 额 调 节 表

编制单位：××公司　　　　2×22 年 4 月　　　　金额单位：元

银行账号：××××××　　　　开户行：××　　　　币种：人民币

项　目	金额	项　目	金额
企业银行存款日记账账面余额	110 000.00	银行对账单余额	80 000.00
加：银行已收而企业未收的款项		加：企业已收而银行未收的款项	

序号	记账日期	票据号码	摘要		序号	记账日期	票据号码	摘要	
1	2×22-4-6	0000066	收入存款	70 000.00	1	2×22-4-5	银收003	收销货款	50 000.00

减：银行已付而企业未付的款项		减：企业已付而银行未付的款项	

序号	记账日期	票据号码	摘要		序号	记账日期	票据号码	摘要	
1	2×22-4-6	0000207	付出	60 000.00	1	2×22-4-5	银付004	取备用金	10 000.00

调节后的存款余额	120 000.00	调节后的存款余额	120 000.00

财务主管：　　　　复核：　　　　出纳：××　　　　2×22 年 4 月 8 日

图 4-11　银行存款余额调节表

通过编制银行存款余额调节表，可以看出最终调节后的存款余额是相等的，但也只能初步说明账目记录没有错误，因为有些错误账目无法通过银行存款余额调节表发现。

二、收款，银行转账更方便

有人说，企业开展业务直接收现金不好吗？话虽如此，但现金的使用有范围，这就使得很多金额较大的业务与交易需要通过银行转账来收钱，这样也更方便、安全。

⑥ 将超出限额的库存现金存入银行

在前面的内容中我们已经知道，当企业库存现金超过银行规定的限额时，就必须将超过部分送存银行，这项工作当然由出纳人员完成，并且需要填制现金付款凭证，不再填制银行存款收款凭证。将超出库存现金限额的现金送存银行，会使库存现金减少，同时银行存款增加，会计分录如下：

借：银行存款

　　贷：库存现金

当出纳人员接收到银行开出的收款通知时，填制现金付款凭证。

实例分析

出纳将超过限额的库存现金送存银行

2×22 年 5 月 24 日，某公司出纳员李某将超过库存现金限额的 500.00 元现金送存银行，收到银行开出的收款单，出纳人员据此填制现金付款凭证，记现付字 7 号，如图 4-12 所示。

付 款 凭 证

贷方科目：库存现金　　　　　2×22 年 5 月 24 日　　　　　现付字第 7 号

摘　要	借方总账科目	明细科目	记账√	金 额										附件1张
				亿	千	百	十	万	千	百	十	元	角	分
将现金送存银行	银行存款	××银行							5	0	0	0	0	
合计（大写）：伍佰元整									5	0	0	0	0	

会计主管：　　　记账：　　　出纳：××　　　审核：　　　制单：××

图 4-12　填制现金付款凭证

涉及的会计分录如下：

借：银行存款   500.00

 贷：库存现金   500.00

⑦ 收到银行存款利息

企业将资金放在银行账户中，无论是长期存款还是短期存款，都会随着时间的推移而产生利息，生成的利息通常直接划转到银行账户中。而在进行账务处理过程中，确认存款利息时要作为财务费用的一个抵扣项目，会计分录如下：

借：应收利息

 贷：财务费用——利息收入

收到银行发来的利息划转入银行账户的通知时，编制如下会计分录：

借：银行存款

 贷：应收利息

实例分析

出纳收到存款利息收入通知要做账

2×22 年 4 月，某公司根据存款数额，确认当月应收利息为 58 333.33 元，会计人员需要填制通用记账凭证或者转账凭证，涉及会计分录如下：

借：应收利息   58 333.33

 贷：财务费用——利息收入   58 333.33

2×22 年 5 月 10 日，出纳人员收到银行发来的利息划转入银行账户的通知，据此填制银行存款收款凭证，记银收字 8 号，如图 4-13 所示。

涉及会计分录如下：

借：银行存款   58 333.33

 贷：应收利息   58 333.33

图 4-13 填制银行存款收款凭证

08 销售产品收到营业款

企业销售产品是主要的经营业务，收到的营业款确认为主营业务收入。从概念上理解，主营业务收入是指企业经常性的、主要业务产生的收入。

主营业务收入发生时，贷记"主营业务收入"科目；到了月末，要将贷方的主营业务收入转入"本年利润"科目的贷方。因此，"主营业务收入"科目月末没有余额。

实例分析

销售产品收到现金货款

某公司为增值税一般纳税人，2×22 年 5 月 25 日对外出售一批产品，不含税价款 2.00 万元，向购买方开具增值税专用发票，如图 4-14 所示。

图 4-14 开具增值税专用发票

当天出纳人员收到银行发来的收款通知时，填制银行存款收款凭证，记银收字12号，如图4-15所示。

收 款 凭 证

借方科目：银行存款　　　　2×22 年 5 月 25 日　　　　　　银收字第 12 号

摘要	贷方总账科目	明细科目	记账√	亿	千	百	十	万	千	百	十	元	角	分	附件
收到产品销售款	主营业务收入							2	0	0	0	0	0	0	3张
	应交税费	应交增值税（销项税额）							2	6	0	0	0	0	
合计（大写）：贰万贰仟陆佰元整								2	2	6	0	0	0	0	

会计主管：　　　记账：　　　出纳：×× 　　　　　　审核：　　　　　　制单：××

图 4-15　填制银行存款收款凭证

涉及会计分录如下：

借：银行存款　　　　　　　　　　　　22 600.00
　　贷：主营业务收入　　　　　　　　　　　　20 000.00
　　　　应交税费——应交增值税（销项税额）　　2 600.00

在本案例中，银行存款收款凭证主要依据销售合同、银行收款通知和开出的增值税专用发票进行填制。实际工作中具体会涉及多少张附件，视实际情况而定。

⑨ 销售材料收到货款

对生产性企业来说，销售材料并不是经常性业务，它只是与主营业务相关的其他业务，当企业材料闲置且不再用于生产时，就会对外出售。因此，销售材料收到的款项确认为"其他业务收入"。

其他业务收入发生时，贷记"其他业务收入"科目；到了月末，要将贷方的"其他业务收入"转入"本年利润"科目的贷方。因此，"其他业务收入"科目月末也没有余额。

实例分析

将不再生产产品的材料对外出售

某公司为增值税一般纳税人，2×22 年 5 月 25 日对外出售一批不再用于生产产品的原材料，不含税价款 5 000.00 元，开出增值税专用发票，如图 4-16 所示。

四川增值税专用发票

开票日期：2×22 年 5 月 25 日

购买方	名称：×××××× 纳税人识别号：×××××× 地址、电话：×××××× 开户行及账号：××××××		密码区	×××××× ×××××× ×××××× ×××××× ×××××× ×××××× ×××××× ×××××× ××××××				
货物或应税劳务、服务名称		规格型号	单位	数量	单价	金额	税率	税额
××材料		××	箱	××	××	5 000.00	13%	650.00
价税合计（大写）		伍仟陆佰伍拾元整			（小写）¥5 650.00			
销售方	名称：×××××× 纳税人识别号：×××××× 地址、电话：×××××× 开户行及账号：××××××		备注					

税总函

第一联：记账联　销售方记账凭证

收款人：××　复核：××　开票人：××　销售方：（章）××

图 4-16　销售材料开具增值税专用发票

当天出纳人员收到银行发来的收款通知时，填制银行存款收款凭证，记银收字 13 号，如图 4-17 所示。

收　款　凭　证

借方科目：银行存款　　2×22 年 5 月 25 日　　银收字第 13 号

摘要	贷方总账科目	明细科目	记账√	亿	千	百	十	万	千	百	十	元	角	分
收到材料销售款	其他业务收入								5	0	0	0	0	0
	应交税费	应交增值税（销项税额）								6	5	0	0	0
合计（大写）：伍仟陆佰伍拾元整									5	6	5	0	0	0

附件 3 张

会计主管：　记账：　出纳：××　审核：　制单：××

图 4-17　填制银行存款收款凭证

涉及的会计分录如下：

借：银行存款　　5 650.00

　　贷：其他业务收入　　5 000.00

　　　　应交税费——应交增值税（销项税额）　　650.00

⑩ 向客户预收货款

企业开展产品销售活动时，为了保证自身利益，有时会要求购买方事先支付产品销售款的一部分，待购买方验收产品合格后再支付剩余货款。对于销售方来说，在预先收到这部分货款时，产品的经济利益和风险还没有转移给购买方，因此收到货款时不能确认收入，而需要通过"预收账款"科目进行过渡核算。

需要注意的是，预收账款是负债类科目，增加时记贷方。会计分录如下：

借：银行存款

　　贷：预收账款——×× 企业

后续收到剩余货款时，编制如下会计分录：

借：银行存款（按收到的剩余货款金额）

　　预收账款——×× 企业（冲减前期预先收到的货款金额）

　　　　贷：主营业务收入（按总的不含税售价）

　　　　　　应交税费——应交增值税（销项税额）

实例分析

销售业务预先收到部分货款的处理

某公司为增值税一般纳税人，2×22 年 5 月 25 日与购买方签订销售合同出售一批产品，不含税价款 6.20 万元，当天购买方预先支付 3.10 万元。由于业务尚未发生，当天未开具增值税专用发票。出纳人员收到银行发来的收款通知时，填制银行存款收款凭证，记银收字 14 号，如图 4-18 所示。

收　款　凭　证

借方科目：银行存款　　　　　2×22 年 5 月 25 日　　　　　银收字第 14 号

摘要	贷方总账科目	明细科目	记账√	金额											附件
				亿	千	百	十	万	千	百	十	元	角	分	
预收产品销售款	预收账款							3	1	0	0	0	0	0	2 张
合计（大写）：叁万壹仟元整								3	1	0	0	0	0	0	

会计主管：　　记账：　　出纳：××　　　　审核：　　　　制单：××

图 4-18　填制银行存款收款凭证

涉及会计分录如下：

借：银行存款 31 000.00

　　贷：预收账款——××公司 31 000.00

假设 5 月 26 日，公司向购买方发出产品，并开具增值税专用发票，注明不含税价款 62 000.00 元，税率 13%，税额 8 060.00 元，如图 4-19 所示。

图 4-19　开具增值税专用发票

5 月 26 日出纳人员收到银行发来的收款通知，剩余货款和税额共计 39 060.00 元（70 060.00-31 000.00）。据以填制银行存款收款凭证，记银收字 15 号，如图 4-20 所示。

图 4-20　填制银行存款收款凭证

涉及的会计分录如下：

借：银行存款 39 060.00

　　贷：主营业务收入 31 000.00

　　　　应交税费——应交增值税（销项税额） 8 060.00

注意，后续收到剩余货款的同时，还要将预收的货款转为主营业务收入，否则主营业务收入的金额是错误的。但因为该业务不涉及现金和银行存款，所以不是出纳人员负责的凭证填制工作，需要由会计人员处理，会计分录如下：

借：预收账款——××公司　　　　　　　　　　31 000.00

　　贷：主营业务收入　　　　　　　　　　　　　　31 000.00

⑪ 收取供应商退还的货款

企业在向供应商采购原材料或商品时，有时会遇到质量不符合合同要求的情况，此时就可能发生部分或全额退款。为了更准确地做账，我们需要区分几种情况。

①因原材料或商品质量有轻微瑕疵，要求供货商给予部分退款，但货物不返回供应商。此时出纳只需要将收到的退款冲减财务费用即可。

借：银行存款

　　贷：财务费用

②因部分原材料或商品有质量瑕疵，要求供货商退款，并退还货物。此时需要冲减原材料或商品的入账价值，同时转出已经确认的增值税进项税额。

借：银行存款

　　贷：原材料 / 库存商品

　　　　应交税费——应交增值税（进项税额转出）

③因原材料或商品存在严重的质量问题，要求退货并全额退款。此时全额冲减原材料或商品的入账价值，会计分录与第二种情况的相同，只是各会计科目对应的金额不同。

实例分析

采购的原材料有严重质量问题而收到退款

某公司为增值税一般纳税人，2×22 年 5 月 25 日向某供应商采购一批原材料，当天收到材料后检验入库，发现其中有部分材料的质量存在严重问题，于是要求退还这部分材料，并要求供应商退还相应的采购款项。

已知退还的原材料不含税价格为 8 000.00 元，收到供应商开具的红字增值税专用发票，注明税率13%，税额 1 040.00 元。公司出纳人员在5月26日收到银行发来的收款通知，共 9 040.00 元。出纳根据退货单、银行收款通知以及红字增值税专用发票等单据，填制银行存款收款凭证，记银收字16号，如图4-21所示。

收 款 凭 证

			记账 √	金额										附件
借方科目：银行存款		2×22年5月26日						银收字第 16 号						
摘要	贷方总账科目	明细科目		亿	千	百	十	万	千	百	十	元	角	分
收到退材料款项	原材料							8	0	0	0	0	0	3 张
	应交税费	应交增值税（进项税额转出）						1	0	4	0	0	0	
合计（大写）：玖仟零肆拾元整								9	0	4	0	0	0	
会计主管：	记账：	出纳：××		审核：				制单：××						

图4-21 填制银行存款收款凭证

涉及的会计分录如下：

借：银行存款　　　　　　　　　　　　　　9 040.00
　　贷：原材料　　　　　　　　　　　　　　　　8 000.00
　　　　应交税费——应交增值税（进项税额转出）　1 040.00

拓展贴士 *因付款错误而收到退回的材料款*

在实务工作中，企业出纳人员通过银行转账向供应商的银行账户付款时，需要认真核对供应商的账户信息，确认收款人名称、账号和银行开户行等准确无误后再付款。然而实际工作中难免会有疏漏的时候，如果错写或漏写了供应商的银行账户信息，就很可能无法顺利付款，导致支付的材料款被退回。

⑫ 从银行取得借款

企业生产经营过程中，有时会遇到资金周转不过来的情况，此时为了顺利开展经营业务，大多数时候都会向银行借款。此时，企业的银行存款账面余额会增加，而相应的企业的负债也会增加，如果借入为期一年（含）以内的借款，则负债为短期借款；如果借入为期一年以上的借款，则负债为长期借款。

从银行取得借款时，出纳人员根据银行发来的收款通知，编制如下会计分录：

借：银行存款

    贷：短期借款 / 长期借款

[实例分析]

企业向银行借款填制银行存款收款凭证

2×22 年 5 月 27 日，某公司出纳员根据公司的资金需求计划，向银行申请期限为一年的短期借款 50.00 万元，经银行审核，办理贷款手续，同时向出纳员递交银行收款通知。出纳员根据借款协议和收款通知，填制银行存款收款凭证，记银收字 17 号，如图 4-22 所示。

收款凭证														
借方科目：银行存款		2×22 年 5 月 27 日							银收字第 17 号					
摘要	贷方总账科目	明细科目	记账√	金额										附件
				亿	千	百	十	万	千	百	十	元	角 分	
取得银行一年期贷款	短期借款					5	0	0	0	0	0	0	0 0	2 张
合计（大写）：伍拾万元整						5	0	0	0	0	0	0	0 0	
会计主管：	记账：	出纳：××		审核：				制单：××						

图 4-22　填制银行存款收款凭证

涉及的会计分录如下：

借：银行存款 500 000.00

    贷：短期借款 500 000.00

由于每月计提应付利息时不涉及现金和银行存款账务，因此这里没有做介绍。后续实际支付应付利息的账务处理，参考本章第⑱节的内容。

三、付款，银行转账更安全

不出钱就能获得想要的东西？这显然是不可能的。要获得什么就需要付出同等的代价。企业因外购原材料或商品而支付货款时，通常以银行转账方式实现，这样更安全、便捷。

⑬ 购买原材料支付货款

企业购买生产所需的原材料，或者购买直接用于销售的商品时，可能一次性支付全部货款，也可能分期付款，不同的付款方式其账务处理是有区别的。这里介绍账务处理比较简单的一次性支付材料款。

当企业购入原材料并验收入库后，原材料账面价值增加，银行转账后企业的银行存款减少。如果是增值税一般纳税人，还需要单独核算增值税进项税额，会计分录如下：

借：原材料
　　应交税费——应交增值税（进项税额）
　　贷：银行存款

实例分析

购买原材料以银行转账结算价款

某公司为增值税一般纳税人，2×22 年 5 月 27 日向某供应商采购一批生产用原材料，收到供应商开具的增值税专用发票，注明不含税价款为 82 000.00 元，税率 13%，税额 10 660.00 元。出纳员以银行存款付讫。

当天，出纳人员根据银行付款通知、收到的增值税专用发票以及原材料验收入库单，填制银行存款付款凭证，记银付字 22 号，如图 4-23 所示。

付 款 凭 证

贷方科目：银行存款　　　　2×22 年 5 月 27 日　　　　银付字第 22 号

摘　要	借方总账科目	明细科目	记账√	金额										附件
				亿	千	百	十	万	千	百	十	元	角	分	
支付购原材料款	原材料	××材料						8	2	0	0	0	0	0	附件 3 张
	应交税费	应交增值税（进项税额）						1	0	6	6	0	0	0	
合计（大写）：玖万贰仟陆佰陆拾元整							9	2	6	6	0	0	0		

会计主管：　　记账：　　出纳：××　　　　审核：　　制单：××

图 4-23　填制银行存款付款凭证

涉及的会计分录如下：

借：原材料　　　　　　　　　　　　　　　82 000.00

　　应交税费——应交增值税（进项税额）　　10 660.00

　　贷：银行存款　　　　　　　　　　　　　　　92 660.00

注意，如果出纳人员没有在收到材料与增值税专用发票的当天支付款项，则需要由会计人员先填制转账凭证，通过"应付账款"科目核算应付而尚未支付的货款。这种情况下，后期（如 5 月 30 日）出纳收到银行发来的该业务付款通知时，填制的银行存款付款凭证应如图 4-24 所示。

付　款　凭　证

贷方科目：银行存款			2×22 年 5 月 30 日							银付字第 22 号			
摘　　要	借方总账科目	明细科目	记账√	金　额 亿 千 百 十 万 千 百 十 元 角 分									附件
支付前欠原材料款	应付账款	××公司					9	2	6	6	0 0 0		3 张
合计（大写）：玖万贰仟陆佰陆拾元整							9	2	6	6	0 0 0		
会计主管：　　　记账：　　　出纳：××				审核：　　　　　　　制单：××									

图 4-24　填制银行存款付款凭证

这里涉及的会计分录如下：

借：应付账款　　　　　　　　　　　　　　92 660.00

　　贷：银行存款　　　　　　　　　　　　　　92 660.00

⑭ 向供应商预付货款

企业作为销售方，为了保证自己的利益，会向购买方要求提前支付部分货款。换位思考，当企业作为购买方，也就可能遇到被销售方要求预付货款的情况。当企业向供应商预付货款时，由于原材料采购业务尚未发生，因此不能增加原材料的账面价值，此时需要通过"预付账款"科目进行过度核算。

"预付账款"为资产类科目，因此预付货款时，借记该科目，贷记"银行存款"科目，会计分录如下：

借：预付账款——×× 企业

　　贷：银行存款

实例分析

向供应商购买原材料以银行存款支付

某公司为增值税一般纳税人，2×22 年 5 月 27 日与某供应商签订一批生产用原材料的采购合同，根据合同约定，公司以银行转账方式付款，不含税价款为 5.40 万元，税率 13%，税额 7 020.00 元。而且公司需要预先支付一半的购货款，即 2.70 万元，待材料验收入库后支付剩余货款和税额。

出纳人员通知银行预付货款，收到银行开出的付款通知时，填制银行存款付款凭证，记银付字 23 号，如图 4-25 所示。

				金额								

付 款 凭 证

贷方科目：银行存款　　　　　2×22 年 5 月 27 日　　　　　银付字第 23 号

摘 要	借方总账科目	明细科目	记账√	亿	千	百	十	万	千	百	十	元	角	分
预付购材料款	预付账款	××公司						2	7	0	0	0	0	0
合计（大写）：贰万柒仟元整								2	7	0	0	0	0	0

会计主管：　　记账：　　出纳：××　　　审核：　　　制单：××

附件 2 张

图 4-25 填制银行存款付款凭证

涉及的会计分录如下：

借：预付账款——×× 公司　　　　　　　　27 000.00
　　贷：银行存款　　　　　　　　　　　　　　　27 000.00

假设 5 月 31 日支付剩余货款和税额 34 020.00 元（54 000.00+7 020.00-27 000.00），填制图 4-26 所示的银行存款付款凭证，记银付字 35 号。

付 款 凭 证

贷方科目：银行存款　　　　　2×22 年 5 月 31 日　　　　　银付字第 35 号

摘 要	借方总账科目	明细科目	记账√	亿	千	百	十	万	千	百	十	元	角	分
支付剩余材料款	原材料	××材料						2	7	0	0	0	0	0
	应交税费	应交增值税（进项税额）							7	0	2	0	0	0
合计（大写）：叁万肆仟零贰拾元整								3	4	0	2	0	0	0

会计主管：　　记账：　　出纳：××　　　审核：　　　制单：××

附件 5 张

图 4-26 填制银行存款付款凭证

涉及的会计分录如下：

借：原材料 27 000.00

应交税费——应交增值税（进项税额） 7 020.00

贷：银行存款 34 020.00

同时还要结转前期的预付账款，此时不涉及银行存款业务，所以通常由会计人员填制相关凭证，涉及的会计分录如下：

借：原材料 27 000.00

贷：预付账款 27 000.00

⑮ 缴纳税费

缴纳税费是指对应交税费进行缴纳。应交税费是指企业根据一定时期内取得的营业收入和实现的利润等，按照现行税法的规定，采用一定的计税方法计提应缴纳的各种税费，包括增值税、消费税、城市维护建设税、教育费附加、地方教育附加和企业所得税等。

实际缴纳税费时，借记"应交税费"科目，根据税种进行明细核算；贷记"银行存款"科目。需要注意的是，企业缴纳税款必须以银行存款支付，不能使用现金支付。

借：应交税费——应交增值税

——应交消费税

——应交企业所得税

——应交城市维护建设税

——应交车船税

……

贷：银行存款

另外还需要牢记的是，应交的印花税不通过"应交税费"科目核算，直接在缴纳时编制如下会计分录：

借：税金及附加（按实际缴纳的印花税税额）

贷：银行存款

发生契税、车辆购置税和耕地占用税时，也不通过"应交税费"科目核算，而是将应缴纳的税额直接计入相关资产的入账价值。

借：固定资产 / 无形资产 / 开发支出等

　　贷：银行存款

下面以缴纳增值税为例，了解出纳人员缴纳税费的工作内容。

实例分析

申报缴纳增值税及附加税费

某公司为增值税一般纳税人，2×22 年 6 月 1 日公司负责报税的会计人员向主管税务机关申报缴纳上月的增值税和附加税费。已知需要缴纳的增值税税额为 34 210.00 元，当地城市维护建设税税率为 7%，教育费附加为 3%，地方教育附加为 2%。计算应缴纳的附加税费。

应交城市维护建设税 =34 210.00×7%=2 394.70（元）

应交教育费附加 =34 210.00×3%=1 026.30（元）

应交地方教育附加 =34 210.00×2%=684.20（元）

出纳人员收到银行直接扣税款通知时，填制银行存款付款凭证，记银付字 1 号，如图 4-27 所示。

付 款 凭 证													
贷方科目：银行存款		2×22 年 6 月 1 日								银付字第 1 号			
摘　要	借方总账科目	明细科目	记账	金　额										附件
				亿	千	百	十	万	千	百	十	元	角	分
付增值税和附加税款	应交税费	应交增值税				3	4	2	1	0	0	0	2
	应交税费	应交城市维护建设税					2	3	9	4	7	0	张
	应交税费	应交教育费附加					1	0	2	6	3	0	
	应交税费	应交地方教育附加						6	8	4	2	0	
合计（大写）：叁万捌仟叁佰壹拾伍元贰角						3	8	3	1	5	2	0	
会计主管： 记账： 出纳：××				审核：				制单：××					

图 4-27 填制银行存款付款凭证

涉及的会计分录如下：

借：应交税费——应交增值税　　　　　　　　34 210.00

　　　　　　——应交城市维护建设税　　　　2 394.70

　　　　　　——应交教育费附加　　　　　　1 026.30

　　　　　　——应交地方教育附加　　　　　684.20

　　贷：银行存款　　　　　　　　　　　　38 315.20

⑯ 支付各种手续费

企业经营过程中发生的各种手续费，通常都计入财务费用。实际支付手续费时，可以按照手续费的产生原因进行明细核算。

借：财务费用

　　贷：银行存款

实例分析

向银行借款时支付手续费

2×22 年 5 月 27 日，某公司出纳员向银行借款，发生手续费 50.00 元，收到收款通知时，填制银行存款收款凭证和付款凭证。这里不再展示收到借款所需填制的银行存款收款凭证。图 4-28 的是出纳员填制的支付手续费的银行存款付款凭证，记银付字 24 号。

涉及的会计分录如下：

借：财务费用——金融手续费　　　　　　　　　　　50.00

　　贷：银行存款　　　　　　　　　　　　　　　　　　50.00

付 款 凭 证													
贷方科目：银行存款		2×22 年 5 月 27 日						银付字第 24 号					
摘　要	借方总账科目	明细科目	记账√	金　额									
				亿	千	百	十	万	千	百	十	元	角	分
支付借款手续费	财务费用	金融手续费								5	0	0	0
合计（大写）：伍拾元整										5	0	0	0
会计主管：	记账：	出纳：××		审核：			制单：××						

附件 2 张

图 4-28　填制银行存款付款凭证

---

⑰ 偿还银行借款

企业经营过程中向银行取得的借款，期满后需要按时偿还。无论是一次还本付息，还是分期还利息、到期还本，在最终偿还借款时都需要编制以下会计分录：

借：短期借款 / 长期借款

应付利息

贷：银行存款

实例分析

归还银行短期借款

2×22 年 5 月 27 日，某公司出纳员收到银行开出的付款通知，归还前期发生的短期借款，金额为 30.00 万元，同时支付最后一个季度的借款利息 3 000.00 元。填制银行存款付款凭证，记银付字 25 号，如图 4-29 所示。

涉及的会计分录如下：

借：短期借款   300 000.00

应付利息   3 000.00

贷：银行存款   303 000.00

付 款 凭 证

贷方科目：银行存款   2×22 年 5 月 27 日   银付字第 25 号

摘 要	借方总账科目	明细科目	记账√	金 额										附件
				亿	千	百	十	万	千	百	十	元	角	分
归还短期借款和利息	短期借款					3	0	0	0	0	0	0	0	0
	应付利息								3	0	0	0	0	0
合计（大写）：叁拾万零叁仟元整						3	0	3	0	0	0	0	0	0

会计主管：   记账：   出纳：×   审核：   制单：××

图 4-29 填制银行存款付款凭证

⑱ 支付借款利息

如果企业以分期支付利息的方式向银行借款，到期偿还本金，那么企业在分期支付利息时，编制以下会计分录：

借：应付利息

贷：银行存款

注意，如果企业按季支付利息，但实务中需要按月计提应付利息，此时每月还需要编制计提利息的会计分录，如下所示：

借：财务费用——利息支出

　　贷：应付利息

由于计提应付利息的业务不涉及银行存款收付，因此编制记账凭证的工作由会计人员负责，出纳只需要在实际支付利息时编制银行存款付款凭证即可。

实例分析

公司按季支付借款利息

2×22 年 3 月 10 日，某公司出纳员收到银行发来的付款通知，即支付前期借款的 2×22 年第一季度的利息，共 3 000.00 元。填制银行存款付款凭证，记银付字 16 号，如图 4-30 所示。

			付 款 凭 证												
贷方科目：银行存款			2×22 年 3 月 10 日						银付字第 16 号						
摘 要	借方总账科目	明细科目	记账√	金 额											
				亿	千	百	十	万	千	百	十	元	角	分	
付第一季度借款利息	应付利息							3	0	0	0	0	0		附件2张
合计（大写）：叁仟元整								3	0	0	0	0	0		
会计主管：	记账：	出纳：××		审核：						制单：××					

图 4-30　填制银行存款付款凭证

涉及的会计分录如下：

借：应付利息　　　　　　　　　　　　　　　3 000.00
　　贷：银行存款　　　　　　　　　　　　　　　3 000.00

---

⑲ 支付社保和医保保费及住房公积金

社会保险费即社保，是在社会保险基金的筹集过程中，由劳动者和任职单位按照规定的数额和期限向社会保险管理机构缴纳的费用。它是社会保险基金的主要来源，是由社会保险的保险人（国家）承担法定的社会保险责任，而向被保险人（劳动者和任职单位）收缴的费用。医保是从社保中分出来的，主要包括基本医疗保险、大病医疗互助补充保险和生育保险。

住房公积金是国家机关和事业单位、国有企业、城镇集体企业等及其在职职工，对等缴存的长期住房储蓄。

企业在为员工缴纳社保、医保和住房公积金时，直接从银行账户中扣款。注意，企业要同时代扣代缴员工个人缴纳的社保、医保部分和住房公积金部分。

借：应付职工薪酬——社保（企业）

　　　　　　　——医保（企业）

　　　　　　　——住房公积金（企业）

　　其他应收款——社保（个人）

　　　　　　——医保（个人）

　　　　　　——住房公积金（个人）

　　贷：银行存款

实例分析

缴纳 5 月的社保、医保与住房公积金

2×22 年 5 月 10 日，某公司出纳人员收到银行发来的付款通知，是当月公司缴纳社保、医保和住房公积金的自动扣款。

其中，社保和医保公司缴纳部分为 27 945.00 元，住房公积金公司缴纳部分为 19 200.00 元；社保和医保代扣代缴个人部分为 11 625.00 元，住房公积金代扣代缴个人部分为 19 200.00 元。填制银行存款付款凭证，记银付字 10 号，如图 4-31 所示。

付 款 凭 证

摘　要	借方总账科目	明细科目	记账√	金额 亿 千 百 十 万 千 百 十 元 角 分	
缴纳社保	应付职工薪酬	社保和医保（公司）		⋯2 7 9 4 5 0 0	
	应付职工薪酬	住房公积金（公司）		⋯1 9 2 0 0 0 0	
	其他应收款	社保和医保（个人）		⋯1 1 6 2 5 0 0	
	其他应收款	住房公积金（个人）		⋯1 9 2 0 0 0 0	
合计（大写）：柒万柒仟玖佰柒拾元整				7 7 9 7 0 0 0	

贷方科目：银行存款　　　2×22 年 5 月 10 日　　　银付字第 10 号

附件 2 张

会计主管：　　记账：　　出纳：××　　审核：　　制单：××

图 4-31　填制银行存款收款凭证

涉及的会计分录如下：

借：应付职工薪酬——社保和医保（公司）　　　27 945.00

　　　　　　　——住房公积金（公司）　　　19 200.00

	其他应收款——社保和医保（个人）	11 625.00
	——住房公积金（个人）	19 200.00
贷：银行存款		77 970.00

⑳ 支付固定资产清理费用

固定资产的清理是指企业将固定资产进行出售、报废或对外投资等处理，类似于终止确认。当企业进行固定资产清理时，或多或少都会发生一些清理费用，这些清理费用在发生时直接以银行存款支付，同时计入"固定资产清理"科目进行核算。

借：固定资产清理

　　贷：银行存款

实例分析

进行固定资产清理发生相关费用

2×22 年 5 月 30 日，某公司在清理一台报废的生产设备时，发生清理费用 3 000.00 元，直接以银行存款付讫。当天出纳人员收到银行发来的付款通知，填制银行存款付款凭证，记银付字 26 号，如图 4-32 所示。

涉及的会计分录如下：

借：固定资产清理　　　　　　　　　　　　　　　3 000.00

　　贷：银行存款　　　　　　　　　　　　　　　　　3 000.00

				付　款　凭　证										
贷方科目：银行存款				2×22 年 5 月 30 日						银付字第 26 号				
摘　要	借方总账科目	明细科目	记账√	金　额										
				亿	千	百	十	万	千	百	十	元	角	分
付固定资产清理费	固定资产清理								3	0	0	0	0	0
合计（大写）：叁仟元整									3	0	0	0	0	0
会计主管：　记账：　出纳：××					审核：				制单：××					

图 4-32　填制银行存款付款凭证

㉑ 发放现金股利

现金股利是以现金形式分配给企业股东的股利。发放现金股利从企业的净利润中进行分配，但要注意，发放现金股利的操作必须在企业按照规定比例提取法定盈余公积以及按章程提取公益金之后。

①企业确认当期应发放的现金股利时，主要账务处理由会计人员负责，编制如下会计分录并填制记账凭证。

借：利润分配——未分配利润

　　贷：应付股利

②企业实际向股东发放现金股利时，出纳人员根据银行扣款通知编制如下会计分录，并填制银行存款付款凭证。

借：应付股利

　　贷：银行存款

另外还需要注意的是，企业如果同时发行了优先股和普通股，则在发放现金股利时，通常先向优先股持有者发放，然后再向普通股持有者发放。

下面来看一个简单的发放现金股利的例子。

实例分析

企业向股东发放现金股利

2×22 年 5 月 31 日，某公司向股东发放了上一年度的现金股利，共计 20.40 万元。当天出纳人员收到银行发来的付款通知，填制银行存款付款凭证，记银付字 27 号，如图 4-33 所示。

				记账√	金　额									
摘　要	借方总账科目	明细科目			亿	千	百	十	万	千	百	十	元	角	分
向股东发放现金股利	应付股利							2	0	4	0	0	0	0	0
合计（大写）：贰拾万零肆仟元整								2	0	4	0	0	0	0	0

付　款　凭　证

贷方科目：银行存款　　　2×22 年 5 月 31 日　　　银付字第 27 号

附件 2 张

会计主管：　　记账：　　出纳：×× 　　审核：　　制单：××

图 4-33　填制银行存款付款凭证

涉及的会计分录如下：

借：应付股利   204 000.00

  贷：银行存款   204 000.00

拓展贴士 *企业发放现金股利必须同时具备的三个条件*

虽然企业向股东发放现金股利，能更好地增强股东的经营信心，但是从企业董事会角度看，为了企业的长远发展，需要保留足够的现金以增置设备和补充周转资金，也就希望把股利限制在较低水平。为了平衡企业和股东的利益，在发放现金股利时，必须同时具备三个条件才行：①有足够的留存收益；②有足够的现金；③有董事会的决定。

四、逐日逐笔登记银行存款日记账

银行存款日记账与现金日记账一样，都是序时账簿，需要我们一笔一笔地每天进行账目登记。由于银行存款是企业经营用资金的主要"存储地"，因此账目的登记工作一定要慎重、严谨。

工作中，出纳人员要根据审核无误的银行存款收付凭证，序时逐笔登记银行存款日记账。而且，为了确保账簿的安全、完整，银行存款日记账也必须采用订本式账簿，账页格式一般采用"收入（借方）""支出（贷方）"和"余额"三栏式。

每日业务终了时，出纳人员应计算、登记当日银行存款收入合计数、支出合计数以及账面结余额，并将银行存款日记账的账面余额与银行对账单账面余额进行核对，检查每日银行存款收入、支出与结存情况，避免坐支现金的现象出现。

银行存款日记账的登记要符合总的要求：登记时反映经济业务的内容要完整，登记账目及时，凭证齐全，账证相符，数字真实、准确，书写工整，摘要清楚明了、便于查阅，不重记、漏记，不错记，按期结算，不拖延积压，按规定方法更正错账，使账目既能明确经济责任，又清晰美观。

另外，登记银行存款日记账的具体要求包括但不限于如下一些：

①根据复核无误的银行存款收、付款凭证登记账簿。

②记载的经济业务内容必须与记账凭证相一致，不得随便增减。

③要按照经济业务发生的顺序逐笔登记。

④必须连续登记，不得跳行、隔页，不得随便更换账页和撕扯账页。

⑤文字和数字必须工整清晰、准确无误。

⑥使用钢笔，以蓝、黑色墨水书写，不得使用圆珠笔（银行复写账簿除外）或铅笔书写。

⑦每一张账页记录完毕后，必须按规定转页，方法与现金日记账相同。

⑧每月月末必须按规定结账。

实例分析

根据经济业务登记银行存款日记账

2×22年5月，某公司发生的银行存款收、付款业务主要有如下一些：

①5月1日，收到不含税销售货款共120 500.00元，增值税销项税额15 665.00元，记银收字001号凭证。

②5月2日，收到不含税销售货款共118 750.00元，增值税销项税额15 437.50元，记银收字002号凭证。

③5月2日，支付原材料货款36 050.00元，增值税进项税额4 686.50元，记银付字001号凭证。

④5月4日，收到不含税销售货款共55 000.00元，增值税销项税额7 150.00元，记银收字003号凭证。

⑤5月5日，收到不含税销售货款共64 800.00元，增值税销项税额8 424.00元，记银收字004号凭证。

⑥5月7日，从银行提取现金30 000.00元，记银付字002号凭证。

⑦5月13日，收到不含税销售货款共45 000.00元，增值税销项税额5 850.00元，记银收字005号凭证。

⑧5月15日，支付前期欠德惠木材公司的材料款20 000.00元，记银付字003号凭证。

⑨5月25日，收到不含税销售货款共30 000.00元，增值税销项税额3 900.00元，记银收字006号凭证。

⑩5月31日，向员工支付工资，共268 804.00元，记银付字004号凭证。

已知公司月初银行存款余额为258 700.00元，登记银行存款日记账如图4-34所示。

银行存款日记账

开户行　建设银行
账　号　××××××

月	日	凭证种类	号数	对方科目	摘要	借方	贷方	余额	核对
					承前页			258 700.00	
5	1	银收	001	主营业务收入	收到营业款	120 500.00		379 200.00	√
5	1	银收	001	应交税费	收取增值税销项税额	15 665.00		394 865.00	√
5	2	银收	002	主营业务收入	收到营业款	118 750.00		513 615.00	√
5	2	银收	002	应交税费	收取增值税销项税额	15 437.50		529 052.50	√
5	2	银付	001	原材料	付购进原材料价款		36 050.00	493 002.50	√
5	2	银付	001	应交税费	付增值税进项税额		4 686.50	488 316.00	√
5	4	银收	003	主营业务收入	收到营业款	55 000.00		543 316.00	√
5	4	银收	003	应交税费	收取增值税销项税额	7 150.00		550 466.00	√
5	5	银收	004	主营业务收入	收到营业款	64 800.00		615 266.00	√
5	5	银收	004	应交税费	收取增值税销项税额	8 424.00		623 690.00	√
5	7	银付	002	库存现金	取现		30 000.00	593 690.00	√
5	13	银收	005	主营业务收入	收到营业款	45 000.00		638 690.00	√
5	13	银收	005	应交税费	收取增值税销项税额	5 850.00		644 540.00	√
5	15	银付	003	应付账款	付德惠木材材料款		20 000.00	624 540.00	√
5	25	银收	006	主营业务收入	收到营业款	30 000.00		654 540.00	√
5	25	银收	006	应交税费	收取增值税销项税额	3 900.00		658 440.00	√
5	31	银付	004	应付职工薪酬	付2022年5月工资		268 804.00	389 636.00	√
5					本月合计	490 476.50	359 540.50	389 636.00	
					本年累计	1 434 050.00	1 303 114.00	389 636.00	
					过次页				

图4-34　登记银行存款日记账

第五章 掌握票据结算工作要领

"我暂时没钱，先用票据付款"。"你暂时没钱，你可以向我开具商业汇票，我到期收款。"实务中企业经营或多或少会出现资金周转困难的时候，此时就可能用一些非即期付款的票据进行支付，以缓解付款压力。作为出纳员，需要对一些常用的票据结算事宜非常熟悉。

- 关于票据的二三事儿
- 银行本票与银行汇票
- 企业常用的商业汇票
- 支票运用规矩多
- 了解经营过程中其他的结算方式

一、关于票据的二三事儿

我们要知道，企业经营过程中涉及的钱款收付，并不只有现金和银行存款两种方式。当资金暂时周转不灵时，我们可以用一些规定的票据进行钱款结算，如商业汇票、银行汇票和支票等。本节先来了解关于票据的一些基础知识。

⑴ 哪些人是票据当事人

从广义上来说，票据包括各种有价证券和凭证，如股票、企业债券、发票和提单等；狭义上的票据指我国《中华人民共和国票据法》（以下简称《票据法》）中规定的"票据"，包括汇票、银行本票和支票，是指出票人签发的、约定自己或委托付款人在见票时或在指定的日期向收款人或持票人无条件支付一定金额的有价证券。

票据的当事人分为基本当事人和非基本当事人，如图 5-1 所示。

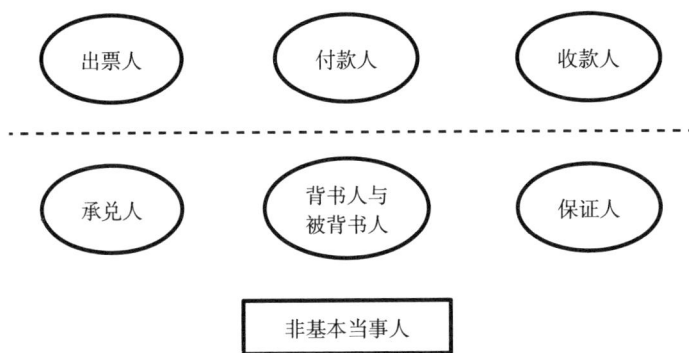

图 5-1　票据的当事人

各当事人在票据使用过程中的"位置"说明见表 5-1。

表 5-1　票据的当事人

当事人		说　明
基本当事人	出票人	依法定方式签发票据并将票据交付给收款人的人。不同的票据其出票人不同，具体在后面内容中介绍
	付款人	是由出票人委托付款或自行承担付款责任的人。不同的票据其付款人也会不同，参考后面内容

续上表

当事人		说　明
基本当事人	收款人	是票据正面记载的到期后有权收取票据所载金额的人，可以是收款人，也可以是各环节的被背书人
非基本当事人	承兑人	指接受汇票出票人的付款委托，同意承担支付票款义务的人，是汇票的主债务人
	背书人和被背书人	①背书人是在转让票据时，在票据背面或粘单上签字或盖章，并将该票据交付给受让人的票据收款人或持有人 ②被背书人是被记名受让票据或接受票据转让的人，背书后，被背书人成为票据新的持有人，享有票据的所有权利
	保证人	是为票据债务提供担保的人，由票据债务人以外的第三人担当。保证人在被保证人不能履行票据付款责任时，以自己的金钱履行票据付款义务，然后取得持票人的权利，向票据债务人追索

② 关于票据的一些行为

票据具备支付、汇兑、信用、结算和融资这五大功能。

支付：票据可以充当支付工具，代替现金使用。

汇兑：票据也可代替货币在不同地方之间运送，方便异地之间的支付。

信用：票据当事人可以凭借自己的信誉，将未来才能获得的金钱作为现在的金钱使用。比如，A 企业购买 B 企业的货物，A 企业暂时不能支付货款，便凭借自己的信誉签发了一张以"B 企业"为收款人、以自己的开户银行为付款人，约定三个月后付款的票据给 B 企业。此时，A 企业实际上是将三个月后才能筹足的钱用于现在使用。

结算：即债务抵消功能。比如互有债务的双方当事人各签发一张本票，待两张本票都到到期日时可以相互抵消债务，若有差额，由一方以现金支付。

融资：即融通资金或调度资金，主要通过票据的贴现、转贴现和再贴现等操作实现。

那么，围绕票据的这些功能，会存在哪些票据行为呢？

（1）出票

出票是指出票人签发票据并将其交付给收款人的票据行为。它可以拆分为有先后顺序的两个行为：首先，出票人依照《票据法》的规定作成票据，即在原始票据上记载法定事项并签章；然后，交付票据，即将做成的票据交付给他人占有。这两个行为缺一不可。

出票人要想顺利出票，必须符合基本要求，即出票人必须与付款人具有真实的委托付款关系，且具有支付票据金额的可靠资金来源，不得签发无对价的票据来骗取银行或其他票据当事人的资金。

拓展贴士 *票据的记载事项*

票据的记载事项是指依法在票据上记载的票据相关内容，主要分为必须记载事项、相对记载事项、任意记载事项和记载不产生票据法上效力的事项等。

①必须记载事项也称必要记载事项，指《票据法》规定的必须记载的事项。如果不记载，票据行为就无效。

②相对记载事项指除了必须记载事项外，《票据法》规定的其他应记载的事项。这些事项如果不记载，由法律另作相应规定予以明确，并不影响票据效力。

③任意记载事项是指《票据法》不强制当事人必须记载而允许当事人自行选择的事项。不记载时不影响票据效力，记载时则产生票据效力。如出票人在汇票上记载"不得转让"字样，汇票不得转让，其中"不得转让"事项就是任意记载事项。

④记载不产生《票据法》上效力的事项是指除了必须记载事项、相对记载事项和任意记载事项外，票据上还可以记载其他一些事项，但这些事项不具有票据效力，银行不负审查责任。

出票人签发票据后，就承担该票据承兑或付款的责任。出票人在票据得不到承兑或付款时，应向持票人清偿规定的金额和费用。

（2）背书

背书是指在票据背面或粘单上记载有关事项并签章的行为。背书行为的分类情况可借助图 5-2 中的内容了解。

背书由背书人签章并记载背书日期。背书未记载日期的，视为在票据到期日前背书。由此可见，背书日期是相对记载事项，可以不记载。

以背书转让或以背书将一定的票据权利授予他人行使时，必须记载被背书人名称，未记载被背书人名称就将票据交付他人的，持票人在票据被背书人栏内记载自己的名称与背书人记载具有同等法律效力。

另外，委托收款背书应记载"委托收款"字样以及被背书人和背书人签章。质押背书应记载"质押"字样并由质权人和出质人签章。

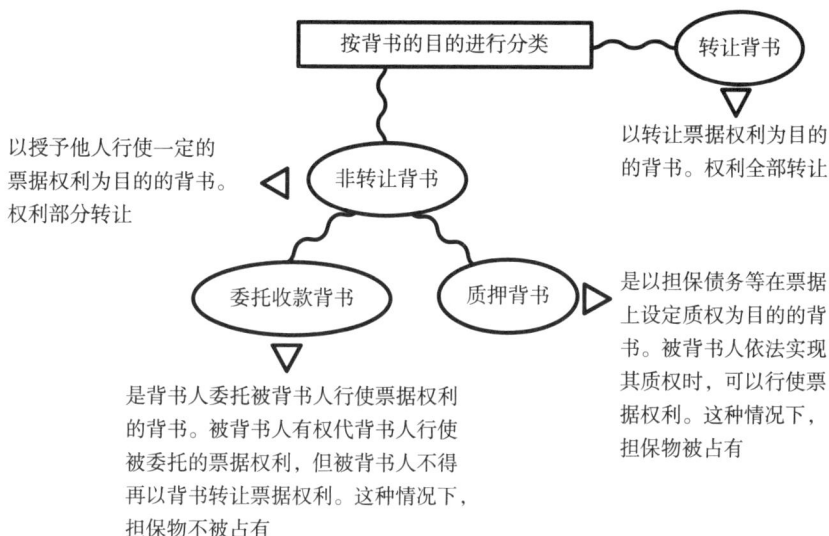

按背书的目的进行分类

转让背书

以转让票据权利为目的的背书。权利全部转让

非转让背书

以授予他人行使一定的票据权利为目的的背书。权利部分转让

委托收款背书

质押背书

是以担保债务等在票据上设定质权为目的的背书。被背书人依法实现其质权时，可以行使票据权利。这种情况下，担保物被占有

是背书人委托被背书人行使票据权利的背书。被背书人有权代背书人行使被委托的票据权利，但被背书人不得再以背书转让票据权利。这种情况下，担保物不被占有

图 5-2　背书的分类

如果票据凭证不能满足背书人记载事项的需求，可加附粘单，黏附在票据凭证上，而粘单上的第一记载人应在票据和粘单的黏接处签章。

以背书转让的票据，背书应连续。换句话说，持票人以背书的连续，证明其票据权利。背书连续是指在票据转让过程中，转让票据的背书人与受让票据的被背书人在票据上的签章依次前后衔接。通常，第一背书人为票据收款人，最后持票人为最后背书的被背书人，中间的背书人为前手背书的被背书人。下面通过一个案例来说明连续背书。

实例分析

票据背书时要连续

在经济活动中，E 公司收到附有图 5-3 所示粘单的票据。

粘单			
被背书人：B公司	被背书人：C公司	被背书人：D公司	被背书人：E公司
背书人签章：A公司 年　月　日	背书人签章：B公司 年　月　日	背书人签章：C公司 年　月　日	背书人签章：D公司 年　月　日

图 5-3　连续背书

在这个粘单中，第一背书人为 A 企业，第一被背书人为 B 企业；后手的背书人为前手的被背书人，即 B 企业，被背书人为 C 企业；后手的背书人为前手的被背书人，即 C 企业，被背书人为 D 企业；后手的背书人为前手的被背书人，即 D 企业，被背书人为 E 企业。

拓展贴士 *背书的特别规定*

背书时附有条件的，所附条件不具有票据上的效力，但背书有效。部分背书属于无效背书。

（3）承兑

承兑是指汇票付款人承诺在汇票到期日前支付汇票金额并签章的行为，仅适用于商业汇票。

承兑的程序大致分为三个环节，如图 5-4 所示。

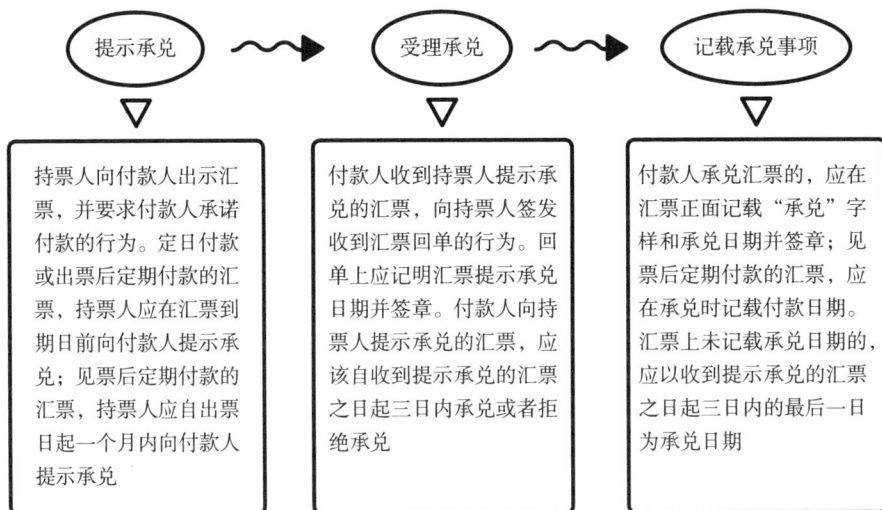

提示承兑 → 受理承兑 → 记载承兑事项

持票人向付款人出示汇票，并要求付款人承诺付款的行为。定日付款或出票后定期付款的汇票，持票人应在汇票到期日前向付款人提示承兑；见票后定期付款的汇票，持票人应自出票日起一个月内向付款人提示承兑

付款人收到持票人提示承兑的汇票，向持票人签发收到汇票回单的行为。回单上应注明汇票提示承兑日期并签章。付款人向持票人提示承兑的汇票，应该自收到提示承兑的汇票之日起三日内承兑或者拒绝承兑

付款人承兑汇票的，应在汇票正面记载"承兑"字样和承兑日期并签章；见票后定期付款的汇票，应在承兑时记载付款日期。汇票上未记载承兑日期的，应以收到提示承兑的汇票之日起三日内的最后一日为承兑日期

图 5-4 承兑的程序

注意，汇票未按规定期限提示承兑的，持票人丧失对其前手的追索权。

另外，付款人承兑汇票时不得附有条件；承兑附有条件的，视为拒绝承兑。付款人承兑汇票后，应承担到期付款的责任。

（4）保证

保证是指票据债务人以外的人，为担保特定债务人履行票据债务而在票据上记载有关事项并签章的行为。

注意，国家机关、以公益为目的的事业单位、社会团体、企业法人的分支机构和职能部门作为票据保证人的，票据保证无效，但经国务院批准为使用外国政府或国际经济组织贷款进行转贷，国家机关提供票据保证的，以及企业法人的分支机构在法人书面授权范围内提供票据保证的除外。

保证人必须在票据或者粘单上记载这些事项：表明"保证"的字样；保证人名称和住所；被保证人的名称；保证日期；保证人签章。保证人在票据或粘单上未记载"被保证人名称"的，已承兑的票据，承兑人为被保证人；未承兑的票据，出票人为被保证人。保证人在票据或粘单上未记载"保证日期"的，出票日期为保证日期。

被保证的票据，保证人应与被保证人对持票人承担连带责任。简单地说，票据到期后得不到付款的，持票人有权向保证人请求付款，保证人应足额付款。保证人为两人以上的，保证人之间承担连带责任。保证人清偿票据债务后，可以行使持票人对被保证人及其前手的追索权。

保证人对合法取得票据的持票人所享有的票据权利，承担保证责任，但被保证人的债务因票据记载事项欠缺而无效的除外。保证不得附有条件，附有条件的，不影响对票据的保证责任。

⑬ 怎么会发生票据追索

企业在使用票据进行结算时，下列情形的发生，会引发票据追索：

①票据到期后被拒绝付款。

②汇票被拒绝承兑。

③汇票的承兑人或付款人死亡、逃匿。

④汇票的承兑人或付款人被依法宣告破产的，或者因违法被责令终止业务活动的。

其中，票据到期被拒绝付款的，持票人对背书人、出票人及票据的其他债务人行使追索，称为到期后追索。票据到期日前，持票人发生上述第②、③、④种情形行使追索的，称为到期前追索。

票据的出票人、背书人、承兑人和保证人对持票人承担连带责任。持票人行使追索权时可以不按照票据债务人的先后顺序，对其中任何一人、数人或全体行使追索权。另外，持票人对票据债务人中的一人或数人已经进行追索的，对其他票据债务人仍可以行使追索权。

持票人和被追索人可以行使的追索权内容，如图 5-5 所示。

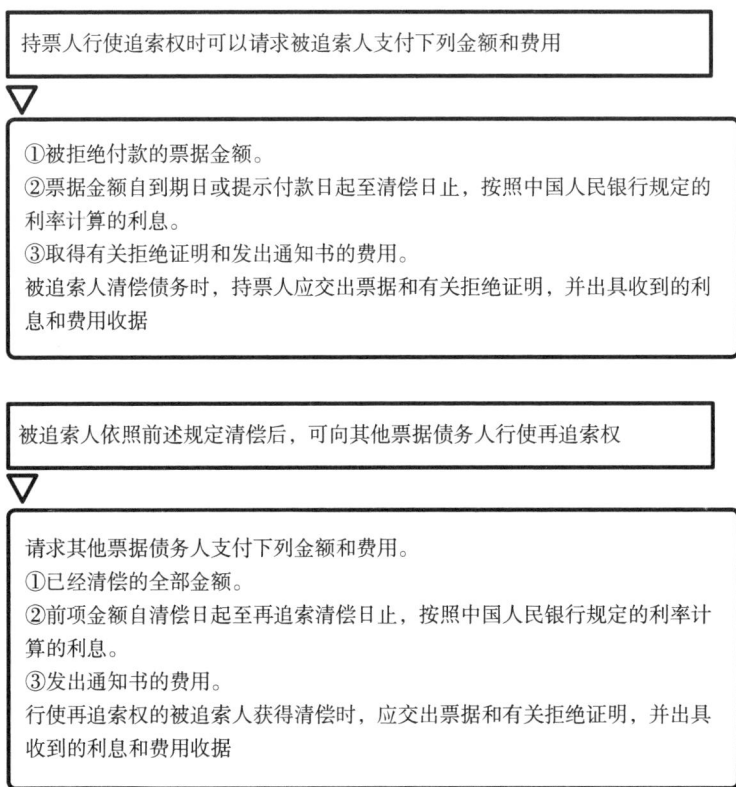

持票人行使追索权时可以请求被追索人支付下列金额和费用

①被拒绝付款的票据金额。
②票据金额自到期日或提示付款日起至清偿日止，按照中国人民银行规定的利率计算的利息。
③取得有关拒绝证明和发出通知书的费用。
被追索人清偿债务时，持票人应交出票据和有关拒绝证明，并出具收到的利息和费用收据

被追索人依照前述规定清偿后，可向其他票据债务人行使再追索权

请求其他票据债务人支付下列金额和费用。
①已经清偿的全部金额。
②前项金额自清偿日起至再追索清偿日止，按照中国人民银行规定的利率计算的利息。
③发出通知书的费用。
行使再追索权的被追索人获得清偿时，应交出票据和有关拒绝证明，并出具收到的利息和费用收据

图 5-5 持票人和被追索人可以行使的追索权

持票人行使追索权时，应提供被拒绝承兑或拒绝付款的有关证明。持票人提示承兑或提示付款被拒绝的，承兑人或付款人必须出具拒绝证明，或出具退票理由书。未出具拒绝证明或退票理由书的，应承担由此产生的民事责任。出具的拒绝证明中应包括下列事项：

①被拒绝承兑、付款的票据的种类及其主要记载事项。

②拒绝承兑、付款的事实依据和法律依据。

③拒绝承兑、付款的时间。

④拒绝承兑人、拒绝付款人的签章。

出具的退票理由书中应包括下列事项：

①所退票据的种类。

②退票的事实依据和法律依据。

③退票时间。

④退票人签章。

持票人不能出示拒绝证明、退票理由书或未按规定期限提供其他合法证明的，丧失对其前手的追索权。但是承兑人或付款人仍应对持票人承担责任。

04 企业丧失票据怎么补救

票据丧失是指票据因灭失、遗失或被盗等原因而使票据权利人脱离其对票据的占有。实际工作中，票据不慎被烧毁就是灭失；票据不慎丢失就是遗失。

票据一旦丧失，票据的债权人若不采取措施补救，就不能阻止债务人向拾获者履行义务，从而造成正当票据权利人经济上发生损失。因此，企业需要在票据丧失后及时进行补救，补救的形式主要有三种，挂失止付、公示催告和普通诉讼。

（1）挂失止付

挂失止付是指失票人将丧失票据的情况通知付款人或代理付款人，由接受通知的付款人或代理付款人审查后暂停支付。

注意，只有确定付款人或代理付款人的票据丧失时才可进行挂失止付。挂失止付不是票据丧失后采取的必经措施，只是一种暂时的预防措施，最终要通过申请公示催告或提起普通诉讼来补救票据权利。图5-6是挂失止付的基本流程。

如果付款人或代理付款人自收到挂失止付通知书之日起12日内没有收到人民法院的止付通知书，自第13日起不再承担止付责任，持票人提示付款即依法向持票人付款。

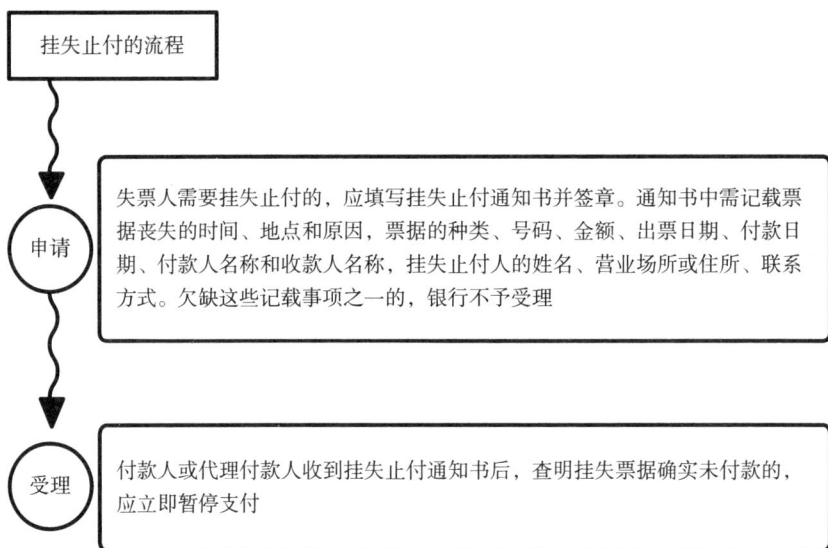

图 5-6　挂失止付的基本流程

（2）公示催告

公示催告是指在票据丧失后由失票人向人民法院提出申请，请求人民法院以公告方式通知不确定的利害关系人限期申报权利，逾期未申报者，权利失效，而由法院通过除权判决宣告所丧失的票据无效的制度或程序。

根据《票据法》的规定，失票人应在通知挂失止付后的三日内，也可以在票据丧失后，依法向票据支付地人民法院申请公示催告。

申请公示催告的主体必须是可以背书转让的票据的最后持票人，主要流程有四个环节，如下所述。

第一步，申请。失票人填写公示催告申请书，载明票面金额、出票人、持票人、背书人、申请的理由和事实、通知票据付款人或代理付款人挂失止付的时间、付款人或代理付款人的名称以及通信地址和电话号码等。

第二步，受理。人民法院决定受理公示催告申请的，应同时通知付款人或代理付款人停止支付，并自立案之日起三日内发出公告，催促利害关系人申报权利。付款人或代理付款人收到人民法院发出的止付通知后应立即停止支付，直至公示催告程序终结。

实例分析

委托收款刚好在公示催告期间的票据丧失处理

某基层法院在人民法院报上刊登了一则公示催告，公告 A 银行网点承兑的一张 100.00 万元的银行承兑汇票丢失，公告期间为 2×22 年 5 月 1 日至 7 月 1 日。

2×22 年 6 月 3 日，A 银行网点突然收到异地 B 银行网点发来的该银行承兑汇票的委托收款。那么此时 A 银行网点是该支付票据金额还是该执行止付操作呢？

解析：由于 2×22 年 6 月 3 日恰好在公示催告期间，因此 A 银行网点不能对委托收款发来的银行承兑汇票付款，而只能根据法院的止付通知要求拒绝付款。

第三步，公告。人民法院决定受理公示催告申请后发布的公告，应在全国性的报刊上登载。国内票据的公示催告期间自公告发布之日起 60 日；涉外票据可根据具体情况适当延长，但最长不得超过 90 日。在公示催告期间，转让票据权利的行为无效。

第四步，判决。利害关系人应在公示催告期间向人民法院申报，人民法院收到利害关系人的申报后，应裁定终结公示催告程序，并通知申请人和支付人。没有人申报的，人民法院应根据申请人的申请，作出除权判决，宣告票据无效。判决应当公告，并通知付款人。自判决公告之日起，申请人有权向支付人请求支付。

（3）普通诉讼

普通诉讼是指丧失票据的持票人为原告，以承兑人或出票人为被告，请求法院判决其向失票人付款的诉讼活动。如果与票据上的权利有利害关系的人是明确的，则无须公示催告，可按一般的票据纠纷向法院提起诉讼。

拓展贴士 *什么是票据权利*

票据权利是指票据持票人向票据债务人请求支付票据金额的权利，包括付款请求权和追索权。

①付款请求权是指持票人向汇票的承兑人、本票的出票人、支票的付款人出示票据，要求付款的权利，是第一顺序权利。行使付款请求权的持票人可以是票据记载的收款人或最后的被背书人，而担负付款义务的主要是主债务人。

②票据追索权是指票据当事人行使付款请求权遭到拒绝或有其他法定原因存在时，向其前手请求偿还票据金额及其他法定费用的权利，是第二顺序权利。行使追索权的当事人除了票据记载的收款人和最后被背书人外，还可能是代为清偿票据债务的保证人、背书人。

二、银行本票与银行汇票

如果只是了解票据的基础知识，在实际运用票据时不一定能得心应手，因为各种票据的使用方法是不同的。我们先来认识见票即付的银行票据。

⑤ 由银行出票并付款的银行本票

什么是本票？本票是出票人签发的，承诺自己在见票时无条件支付确定的金额给收款人或持票人的票据。在我国，本票仅限于银行本票，即银行作为出票人签发银行本票，同时作为付款人支付确定金额。

特别注意，银行本票可以用于转账，注明"现金"字样的银行本票可以用于支取现金，换句话说，没有注明"现金"字样的银行本票只能用于转账结算。单位和个人在同一票据交换区域内需要支付各种款项的，均可以使用银行本票。银行本票的大致结构，如图5-7所示。

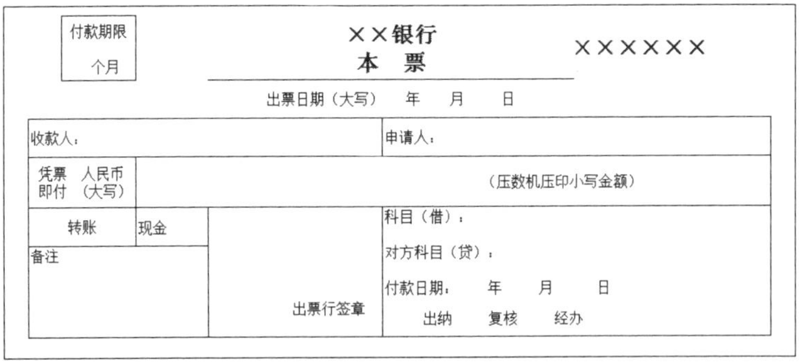

图 5-7　银行本票

银行本票从出票到付款，流程如下：

第一步，申请。申请人申请使用银行本票，向银行提交填写好的银行本票申请书，填明收款人名称、申请人名称、支付金额和申请日期等事项并签章。如果申请人和收款人均为个人而需要支取现金的，应在"金额"栏先填写"现金"字样，后填写支付金额。申请人或收款人为单位的，银行不得为其签发现金银行本票。

第二步，受理。出票银行受理银行本票申请书，向申请人收妥款项，签发银行本票交给申请人。注意，银行本票必须记载事项有：①表明"银行本票"的字样；②无条件支付的承诺；③确定的金额；④收款人名称；⑤出票日期；⑥出票人签章。欠缺这些事项之一的，银行本票无效。

第三步，交付。申请发生经济业务并确定以银行本票结算时，应将银行本票交付给本票上记明的收款人。收款人受理银行本票时，应审查这些内容：①收款人是否确实为本单位或本人；②银行本票是否在提示付款期限内；③必须记载事项是否齐全；④出票人签章是否符合规定，出票金额大小写是否一致；⑤出票金额、出票日期、收款人名称等是否有更改，更改的其他记载事项是否由原记载人签章证明。

第四步，付款。银行本票见票即付，但有提示付款期限，具体自出票日起最长不得超过两个月。如果持票人超过提示付款期限不获付款的，在票据权利时效内向出票银行作出说明，并提供本人身份证件或单位证明，可持银行本票向出票银行请求付款。这里提示付款要区分两种情形，如图5-8所示。

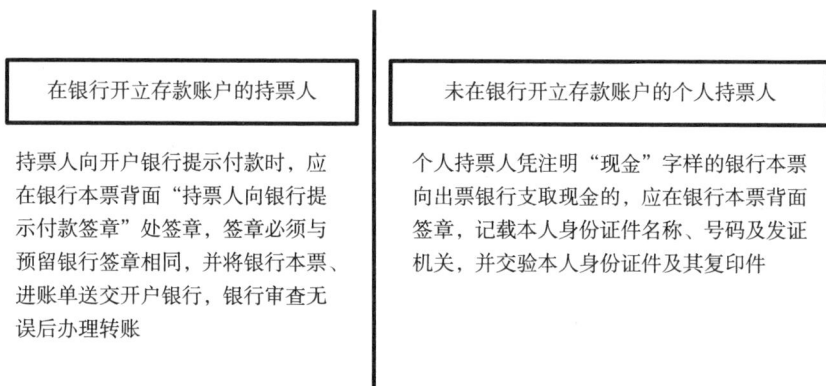

在银行开立存款账户的持票人	未在银行开立存款账户的个人持票人
持票人向开户银行提示付款时，应在银行本票背面"持票人向银行提示付款签章"处签章，签章必须与预留银行签章相同，并将银行本票、进账单送交开户银行，银行审查无误后办理转账	个人持票人凭注明"现金"字样的银行本票向出票银行支取现金的，应在银行本票背面签章，记载本人身份证件名称、号码及发证机关，并交验本人身份证件及其复印件

图 5-8 提示付款的两种情形

申请人因银行本票超过提示付款期限或其他原因要求退款的，应将银行本票提交给出票银行。申请人为单位的，应出具单位的证明；申请人为个人的应出具本人的身份证件。

如果申请人在出票银行开立有存款账户，则申请退款时银行只能将款项转入原申请人账户；如果申请人持有现金银行本票或未在出票银行开立存款账户而申请退款的，银行可以退付现金。

另外，银行本票丧失，失票人可凭借人民法院出具的其享有票据权利的证明，向出票银行请求付款或退款。

06 单位和个人都可以用的银行汇票

银行汇票是出票银行签发的，由其在见票时按照实际结算金额无条件支付给收款人或持票人的票据。也就是说，银行汇票由银行出票，且银行作为付款人履行付款责任。

银行汇票可以用于转账，填明"现金"字样的银行汇票可以用于支取现金。单位和个人各种款项结算，都可以使用银行汇票，与银行本票相比，它没有地域限制，即不同票据交换区域之间也可以使用银行汇票。银行汇票的大致结构，如图 5-9 所示。

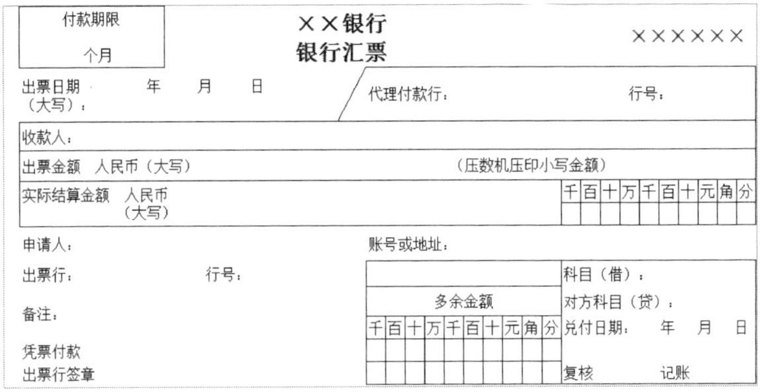

图 5-9 银行汇票

银行汇票从出票到付款，流程如下所述。

第一步，申请。申请人申请使用银行汇票，向出票银行提交填写好的银行汇票申请书，填明收款人名称、汇票金额、申请人名称和申请日期等事项并签章，签章为申请人预留银行的签章。

如果申请人和收款人均为个人而需要使用银行汇票向代理付款人支取现金的，申请人必须在银行汇票申请书上填明代理付款人名称，同时在"出票金额"栏先填写"现金"字样，后填写汇票金额。申请人或收款人为单位的，不得在银行汇票申请书上填写"现金"字样，也就不能用于支取现金。

第二步，签发。出票银行受理银行汇票申请书，向申请人收妥款项后签发银行汇票，并将银行汇票和解讫通知一并交给申请人。银行汇票必须记载事项有：①表明"银行汇票"的字样；②无条件支付的承诺；③出票金额；④付款人名称；⑤收款人名称；⑥出票日期；⑦出票人签章。欠缺这些事项之一的，银行汇票无效。

第三步，交付。发生经济业务后需要通过银行汇票结算的，申请人将银行汇票和解讫通知一并交给汇票上记明的收款人。收款人受理银行汇票时，应审查这些内容：①银行汇票和解讫通知是否齐全，汇票号码和记载内容是否一致；②收款人是否确为本单位或本人；③银行汇票是否在提示付款期限内；④必须记载事项是否齐全；⑤出票人签章是否符合规定，大小写出票金额是否一致；⑥出票金额、出票日期和收款人名称是否更改，更改的其他记载事项是否由原记载人签章证明。

注意，收款人受理申请人交付的银行汇票时，应在出票金额以内，根据实际需要的款项办理结算，并将实际结算金额和多余金额准确无误地填入银行汇票和解讫通知的有关栏内。银行汇票的实际结算金额低于出票金额的，多余金额由出票银行退还给申请人。没有填明实际结算金额和多余金额，或者实际结算金额超过出票金额的，银行不予受理。银行汇票的实际结算金额一经填写不得更改，更改实际结算金额的银行汇票无效。

第四步，付款。银行汇票也是见票即付，但有提示付款期限，具体自出票日起一个月内。持票人超过付款期限提示付款的，代理付款人不予受理。持票人提示付款时，必须同时提交银行汇票和解讫通知，缺少任何一样银行不予受理。持票人超过期限向代理付款银行提示付款却不获付款的，必须在票据权利时效内向出票银行作出说明，并提供本人身份证件或单位证明，持银行汇票和解讫通知向出票银行请求付款。

申请人因银行汇票超过付款提示期限或其他原因要求退款时，应将银行汇票和解讫通知同时提交给出票银行。申请人为单位的，应出具单位证明；申请人为个人的，应出具本人身份证件。如果是代理付款银行查询的要求退款的银行汇票，应在汇票提示付款期满后才能办理退款。可转账银行汇票的退款，只能转入原申请人账户；符合规定的可用于支取现金的银行汇票的退款，可以退付现金。申请人缺少解讫通知而要求退款的，出票银行应在银行汇票提示付款期满一个月后办理。

银行汇票丧失，失票人可凭借人民法院出具的其享有票据权利的证明，向出票银行请求付款或退款。

三、企业常用的商业汇票

实际上，在财务工作中，企业用到最多的票据还是商业汇票。但要注意，如果交易双方均为个人，是不能使用商业汇票进行结算的。另外，商业汇票根据承兑人不同，分成了两大类。

⑦ 企业为主债务人的商业承兑汇票

商业汇票是出票人签发的，委托付款人在指定日期无条件支付确定的金额给收款人或持票人的票据。商业汇票的出票人为银行以外的企业和其他组织，且这些企业或组织要在银行开立有存款账户，同时具有与付款人真实的委托付款关系和支付汇票金额的可靠资金来源；未开立的，也不能通过商业汇票结算。商业汇票的付款人为承兑人。也就是说，承兑人不同，付款人就不同。

商业承兑汇票的承兑人是银行以外的付款人，是合同中应支付款项的一方当事人。但签发商业承兑汇票的可以是付款人，也可以是收款人。

签发商业承兑汇票时有七个必须记载事项：①表明"商业承兑汇票"的字样；②无条件支付的委托；③确定的金额；④付款人名称；⑤收款人名称；⑥出票日期；⑦出票人签章。欠缺这些事项之一的，商业汇票无效。

其中，出票人签章为企业的财务专用章或公章加其法定代表人或其授权的代理人的签名或盖章。

商业承兑汇票的大致结构，如图5-10所示。

商业承兑汇票 ××××××

出票日期（大写） 年 月 日

付款人	全　称		收款人	全　称	
	账　号			账　号	
	开户银行			开户银行	
出票金额	人民币（大写）				亿 千 百 十 万 千 百 十 元 角 分
汇票到期日（大写）			付款人开户行	行号	
交易合同号码				地址	
本汇票已经承兑，到期无条件支付票款。 承兑人签章 承兑日期 年 月 日			本汇票请予以承兑，并于到期日付款。 出票人签章		

图 5-10　商业承兑汇票

出票人将签发好的商业承兑汇票交给收款人后，出票行为即告完成。而提示承兑是指持票人向付款人出示汇票，并要求付款人承诺付款的行为。

(08) 银行为主债务人的银行承兑汇票

银行承兑汇票的承兑人为银行，所以付款人为承兑银行。签发银行承兑汇票的只能是在承兑银行开立存款账户的存款人。

签发银行承兑汇票时也有七个必须记载事项：①表明“银行承兑汇票”的字样；②无条件支付的委托；③确定的金额；④付款人名称；⑤收款人名称；⑥出票日期；⑦出票人签章。欠缺这些事项之一的，商业汇票无效。

银行承兑汇票的大致结构，如图 5-11 所示。

银行承兑汇票 ××××××

出票日期（大写） 年 月 日

出票人全称		收款人	全　称		
出票人账号			账　号		
付款行全称			开户银行		
出票金额	人民币（大写）				亿 千 百 十 万 千 百 十 元 角 分
汇票到期日（大写）		付款行	行号		
承兑协议编号			地址		
本汇票请你行承兑，到期无条件支付票款。 出票人签章 承兑日期 年 月 日		本汇票已经承兑，到期日由本行付款。 备注：		密押 复核 记账	

图 5-11　银行承兑汇票

银行承兑汇票的出票人或持票人向银行提示承兑时，银行的信贷部门负责按照有关规定和审批程序，认真对出票人的资格、资信、购销合同和汇票记载的内容进行审查，必要时可由出票人提供担保。而承兑银行应按票面金额向出票人收取一定比例的手续费。

资信良好的企业或者电子商务企业，可以向银行申请电子汇票承兑，银行可通过审查合同、发票、电子订单或电子发票等材料的影印件，对电子汇票的真实交易关系和债权债务关系进行在线审核，符合规定和承兑条件的，与出票人签订承兑协议。

商业汇票可以在出票时就向付款人提示承兑，然后使用；也可以在出票后先使用，再向付款人提示承兑。付款人拒绝承兑的，必须出具拒绝承兑的证明。付款人承兑汇票后，应承担到期付款的责任。

商业汇票的付款期限有三种形式，如图 5-12 所示。

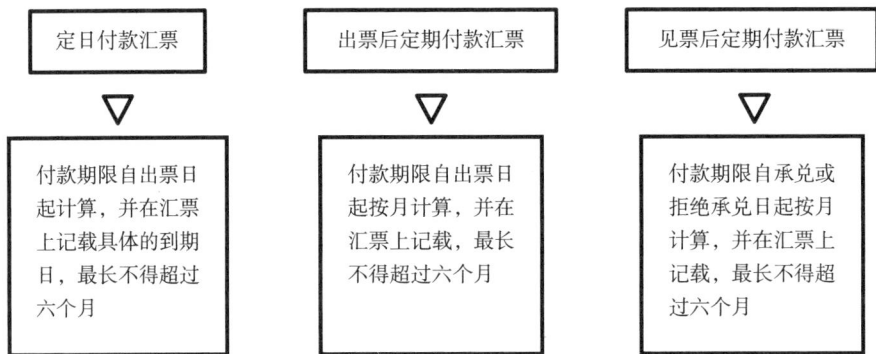

定日付款汇票	出票后定期付款汇票	见票后定期付款汇票
付款期限自出票日起计算，并在汇票上记载具体的到期日，最长不得超过六个月	付款期限自出票日起按月计算，并在汇票上记载，最长不得超过六个月	付款期限自承兑或拒绝承兑日起按月计算，并在汇票上记载，最长不得超过六个月

图 5-12　商业汇票的付款期限

如果商业汇票是电子承兑汇票，则付款期限自出票日至到期日不超过一年。

另外，商业汇票可以进行贴现，即票据持票人在票据未到期前为了获得现金而向银行贴付一定利息所发生的票据转让行为。具体由贴现行办理贴现手续并收取商业汇票，贴现行获得票据的所有权。但并不是任何情况下票据持有人都能进行商业汇票贴现，需要同时具备四个条件。

①票据未到期。

②票据未记载"不得转让"事项。

③是在银行开立存款账户的企业法人及其他组织。

④与出票人或直接前手之间具有真实的商品交易关系。

贴现利息的计算，要依据贴现期限确定。而贴现期限自贴现日起至汇票到期日止。实付贴现金额按照票面金额扣除贴现日至汇票到期前一日的利息进行确定。

贴现到期时，贴现银行应向付款人收取票款；不获付款的，贴现银行应向其前手追索票款。贴现银行追索票款时，可从申请人的存款账户直接收取票款。

四、支票运用规矩多

我们经常在电视剧或电影中看到老板或者领导开支票，有时还会遇到开支票的人让收款人自己填写支票金额，那么这样的操作是不是符合规定的呢？

⑨ 掌握支票使用基本规范

支票是指出票人签发的、委托办理支票存款业务的银行在见票时无条件支付确定的金额给收款人或持票人的票据。

支票的基本当事人有三方，如图 5-13 所示。

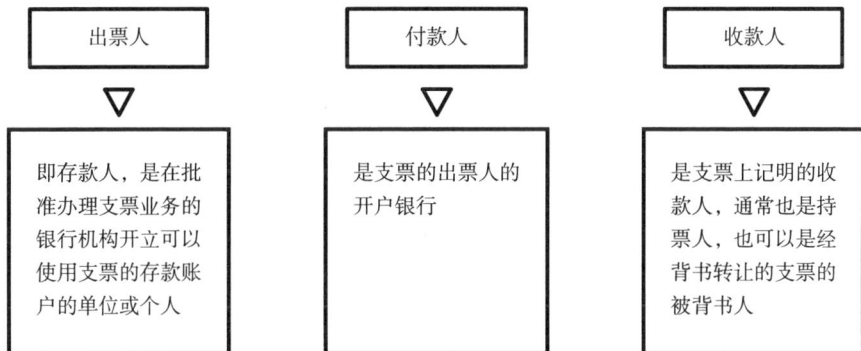

出票人	付款人	收款人
即存款人，是在批准办理支票业务的银行机构开立可以使用支票的存款账户的单位或个人	是支票的出票人的开户银行	是支票上记明的收款人，通常也是持票人，也可以是经背书转让的支票的被背书人

图 5-13 支票的基本当事人

单位和个人在同一票据交换区域内的各种款项结算，均可以使用支票。全国支票影像系统支持全国使用。

支票的类型并不只有一种，它主要分为三种类型：现金支票、转账支票和普通支票。这三类支票的票面特点与用途是不一样的，相关说明见表 5-2。

表 5-2　支票的三种类型

类　　型	票面特点	用　　途
现金支票	支票上印有"现金"字样	只能用于支取现金
转账支票	支票上印有"转账"字样	只能用于转账
普通支票	支票上未印有"现金"或"转账"字样	既可用于支取现金，也可用于转账

注意，在普通支票左上角画两条平行线的，为画线支票，只能用于转账，不得支取现金，也就相当于转账支票。图 5-14~图 5-17 分别为现金支票（带票根）、转账支票、普通支票和画线支票。

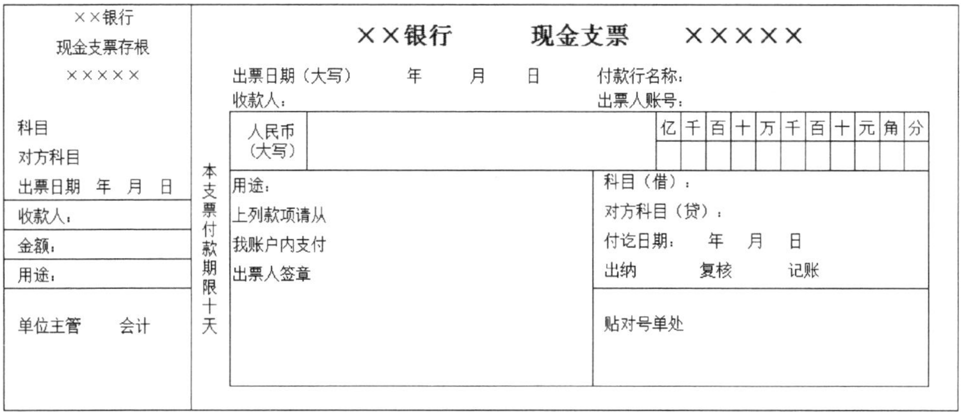

图 5-14　现金支票

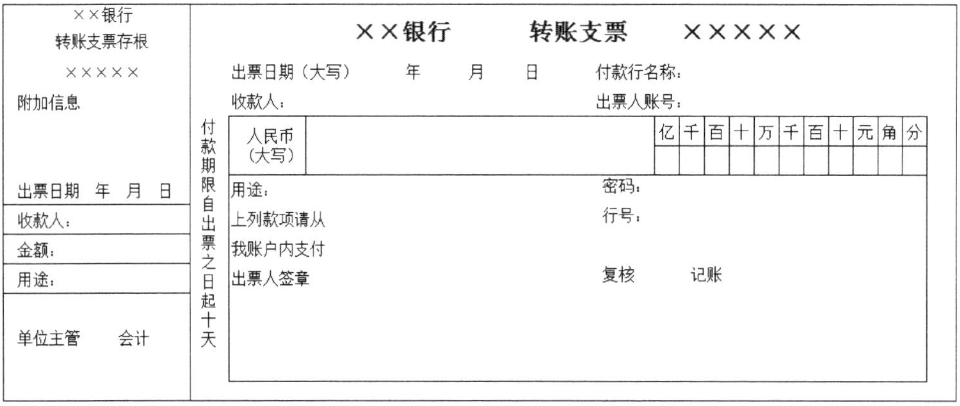

图 5-15　转账支票

图 5-16　普通支票

图 5-17　画线支票

支票从出票到付款的流程，可大致概括为图 5-18 中的四个环节。

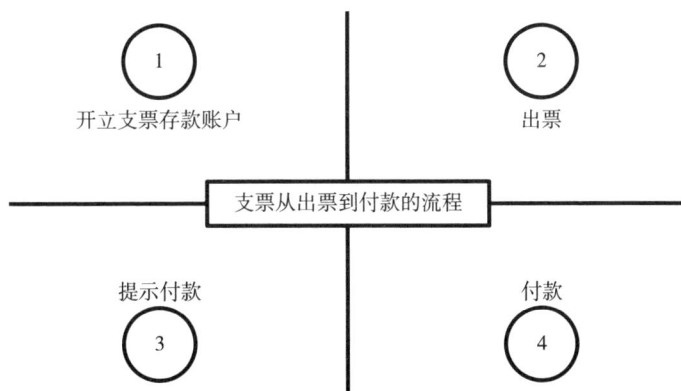

图 5-18　支票从出票到付款的流程

开立支票存款账户时，申请人必须使用本名或本单位名称，提交证明其身份的合法证件，并应预留其本名或本单位的签名式样和印鉴。

出票人向收款人签发支票时，必须记载事项有：①表明"支票"的字样；②无条件支付的委托；③确定的金额；④付款人名称；⑤出票日期；⑥出票人签章。欠缺这些事项之一的，支票无效。另外，在签发支票时需要注意的问题见表5-3。

表 5-3 签发支票时应注意的问题

注意事项	注意问题
出票人	支票上的出票人签章，出票人为单位的，为与该单位在银行预留签章一致的财务专用章或公章加其法定代表人或其授权的代理人的签名或盖章；出票人为个人的，为与该个人在银行预留签章一致的签名或盖章。出票人不得签发与其预留银行签章不符的支票
付款人	支票的付款人为支票上记载的出票人开户银行
支票金额	①支票的金额可由出票人授权补记，如授权收款人补记；未补记前不得背书转让和提示付款 ②支票的出票人签发的支票金额不得超过其付款时在付款人（银行）处实有的存款金额
收款人名称	①支票的收款人名称可由出票人授权补记，如授权收款人自行补记；未补记前不得背书转让和提示付款 ②出票人可以在支票上记载自己为收款人
付款地	支票上未记载付款地的，付款人的营业场所为付款地
出票地	支票上未记载出票地的，出票人的营业场所、住所或经常居住地为出票地
预留本名、签章	支票的出票人不得签发与其预留银行本名的签名式样或印鉴不符的支票

支票是见票即付的票据，但有提示付款期限，具体从出票之日起十日内。持票人可以委托开户银行收款或直接向付款人提示付款。然而，用于支取现金的支票仅限于收款人向付款人提示付款。

持票人委托开户银行收款时，应作委托收款背书，在支票背面背书人签章栏签章，记载"委托收款"字样和背书日期，在被背书人栏记载开户银行名称，并将支票和填制的进账单送交开户银行。

如果持票人持用于转账的支票向付款人提示付款，应在支票背面背书人签章栏签章，并将支票和填制的进账单送交出票人开户银行；如果持票人持用于支取现金的支票向付款人提示付款，应在支票背面"收款人签章"处签章；持票人为个人的，还需要交验本人身份证件，并在支票背面注明证件名称、号码和发证机关。

出票人必须按照签发的支票金额承担保证向持票人付款的责任，出票人在付款人（银行）处的存款足以支付支票金额时，付款人应在见票当日足额付款。付款人依法支付支票金额后，对出票人不再承担受委托付款的责任，对持票人不再承担付款的责任，但付款人以恶意或有重大过失付款的除外。

⑩ 切忌签发空头支票

什么是空头支票？没有填金额的就是空头支票？当然不是。空头支票是指支票的出票人签发的支票金额超过其付款时在付款人（银行）处实有的存款金额的支票。

我国《票据法》明文规定，禁止签发空头支票。

我国《票据管理实施办法》第三十一条规定，"签发空头支票或者签发与其预留的签章不符的支票，不以骗取财物为目的的，由中国人民银行处以票面金额5%但不低于1 000元的罚款；持票人有权要求出票人赔偿支票金额2%的赔偿金。"

如果单位或个人屡次签发空头支票，银行可以停止签发支票。

另外，《中华人民共和国刑法》第一百九十五条规定："有下列情形之一，进行信用证诈骗活动的，处五年以下有期徒刑或者拘役，并处二万元以上二十万元以下罚金；数额巨大或者有其他严重情节的，处五年以上十年以下有期徒刑，并处五万元以上五十万元以下罚金；数额特别巨大或者有其他特别严重情节的，处十年以上有期徒刑或无期徒刑，并处五万元以上五十万元以下罚金或者没收财产……"

所以，单位或个人在向收款人签发支票时，一定要确认自身付款时在开户银行处留存的资金大于或等于签发的支票金额。

五、了解经营过程中其他的结算方式

当然，企业实际经营过程中，可能无法使用前述结算方式，因此就需要通过其他一些结算方式来完成货款支付。这些结算方式可能没有前述结算方式运用较多，但也非常重要，需要作大致了解。

⑪ 银行卡的使用

银行卡是经批准由商业银行（含邮政金融机构）向社会发行的具有消费信用、转账结算、存取现金等全部或部分功能的信用支付工具。一般来说，银行卡按是否具有透支功能，分为借记卡和信用卡，简单介绍见表5-4。

表5-4　银行卡的类型

类　　型	注意问题
借记卡	不具备透支功能。主要功能是消费、存取款、转账、代收付、外汇买卖、投资理财和网上支付等。按功能不同又可以分为转账卡（包括储蓄卡）、专用卡和储值卡
信用卡	可以透支。按照是否向发卡银行交存备用金，分为贷记卡和准贷记卡。贷记卡指发卡银行给予持卡人一定的信用额度，持卡人可在信用额度内先消费、后还款的信用卡；准贷记卡指持卡人必须先按发卡银行要求交存一定金额的备用金，当备用金账户余额不足支付时，可在发卡银行规定的信用额度内透支的信用卡

拓展贴士 *关于转账卡、专用卡、储值卡和联名卡的简单说明*

　转账卡是实时扣账的借记卡，具有转账结算、存取现金和消费的功能。
　专用卡是具有专门用途、在特定区域使用的借记卡，具有转账结算、存取现金的功能。"专门用途"是指在百货、餐饮、饭店和娱乐行业以外的用途。
　储值卡是发卡银行根据持卡人要求将其资金转至卡内储存，交易时直接从卡内扣款的预付钱包式借记卡。
　联名（认同）卡是商业银行与营利性机构或非营利性机构合作发行的银行卡附属产品，其依附的银行卡品种必须是经批准的品种，并应遵守相应品种的业务章程或管理办法。发卡银行和联名单位应为联名卡持卡人在联名单位用卡提供一定比例的折扣优惠。

下面从银行卡交易的基本规定及银行卡计息与收费两个方面作了解。

◆ 银行卡交易的基本规定

单位人民币卡可办理商品交易和劳务供应款项的结算，但不得透支。单位卡不得支取现金。

信用卡预借现金业务，包括现金提取、现金转账和现金充值。现金提取指持卡人通过柜面和自动柜员机等自助机器，以现钞形式获得信用卡预借现金额度内资金；现金转账指持卡人将信用卡预借薪金额度内资金划转到本人银行结算账户；现金充值指持卡人将信用卡预借现金额度内资金划转到本人在非银行支付机构开立的支付账户。注意，无论持卡人是通过自助机器还是柜面办理现金提取业务，每卡每日都有限额。

贷记卡持卡人非现金交易可享受免息还款期和最低还款额待遇，银行记账日到发卡银行规定的到期还款日之间为免息还款期，持卡人在到期还款日前偿还所使用全部银行款项有困难的，可按照发卡银行规定的最低还款额还款。持卡人透支消费享受免息还款期和最低还款额待遇的条件和标准，由发卡机构自主确定。

◆ 银行卡计息与收费

发卡银行对准贷记卡和借记卡（不含储值卡）账户内的存款，按照中国人民银行规定的同期同档次存款利率及计息办法计付利息。

对信用卡透支利率实行上限和下限管理，信用卡透支的计结息方式，以及对信用卡溢缴款是否计付利息和利率的标准，由发卡机构自主确定。

发卡机构对向持卡人收取的违约金和年费、收现手续费，以及货币兑换费等服务费用，不得计收利息。

发卡机构会在信用卡协议中以显著方式提示信用卡利率标准和计结息方式、免息还款期和最低还款额待遇的条件和标准，以及向持卡人收取违约金的详细情形和收取标准等事项。

⑫ 网上银行与汇兑方式

网上银行是网上支付的其中一种方式，即银行在互联网上设立虚拟银行柜台，使传统的银行服务不再通过物理的银行分支机构实现，而是借助网络与信息技术手段在互联网上实现。

网上银行按照不同的划分依据，可以有不同的种类。

按主要服务对象，分为企业网上银行和个人网上银行。企业网上银行主要适用于企事业单位，通过企业网络银行实时了解财务运作情况，及时调度资金，快速处理大批量的网络支付和工资发放业务，并可以处理信用证相关业务。个人网上银行主要适用于个人与家庭，通过个人网上银行实现实时查询、转账、网络支付和汇款功能。

按经营组织，分为分支型网上银行和纯网上银行。分支型网上银行指现有的传统银行利用互联网作为新的服务手段，建立银行站点，提供在线服务而设立的网上银行。纯网上银行本身就是一家银行，是专门为提供在线银行服务而成立的，所以也被称为只有一个站点的银行，如网商银行。

网上银行可以为客户（企事业单位和个人）提供对私、对公的全方位银行业务，也可以为客户提供跨国的支付与清算等其他贸易和非贸易的银行业务服务。

客户开通网上银行有两种方式：①前往银行柜台办理；②先在网上自助申请，然后到柜台签约。

那么，汇兑又是什么？

汇兑是汇款人委托银行将其款项支付给收款人的结算方式，主要分为信汇和电汇两种。单位和个人的各种款项的结算，均可使用汇兑结算方式。

办理汇兑的程序主要有三个环节，如图 5-19 所示。

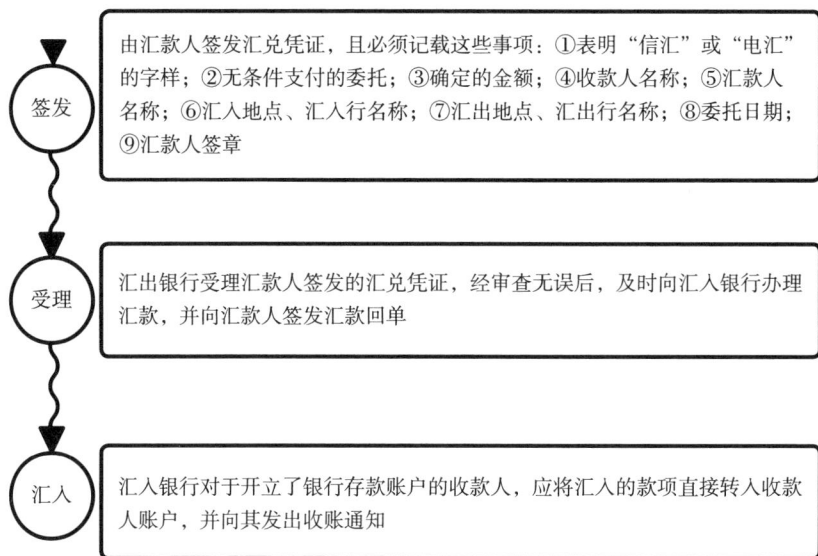

签发　由汇款人签发汇兑凭证，且必须记载这些事项：①表明"信汇"或"电汇"的字样；②无条件支付的委托；③确定的金额；④收款人名称；⑤汇款人名称；⑥汇入地点、汇入行名称；⑦汇出地点、汇出行名称；⑧委托日期；⑨汇款人签章

受理　汇出银行受理汇款人签发的汇兑凭证，经审查无误后，及时向汇入银行办理汇款，并向汇款人签发汇款回单

汇入　汇入银行对于开立了银行存款账户的收款人，应将汇入的款项直接转入收款人账户，并向其发出收账通知

图 5-19　办理汇兑的程序

注意，如果汇兑凭证记载的汇款人、收款人在银行开立存款账户的，必须记载其行号。另外，汇款回单只能作为汇出银行受理汇款的依据，不能作为该笔汇款已转入收款人账户的证明。

汇款人对汇出银行尚未汇出的款项可以申请撤销，申请撤销时，应出具正式函件或本人身份证件及原信汇、电汇回单。

⑬ 别混淆委托收款和托收承付

委托收款和托收承付都有委托银行收取款项的意思，但两者是不同的。

（1）委托收款

委托收款是收款人委托银行向付款人收取款项的结算方式。该结算方式在同城、异地均可使用。而且，单位和个人凭已经承兑的商业汇票、债券和存单等付款人债务证明办理款项的结算，均可使用委托收款结算方式。

委托收款的办理程序有三个，如图 5-20 所示。

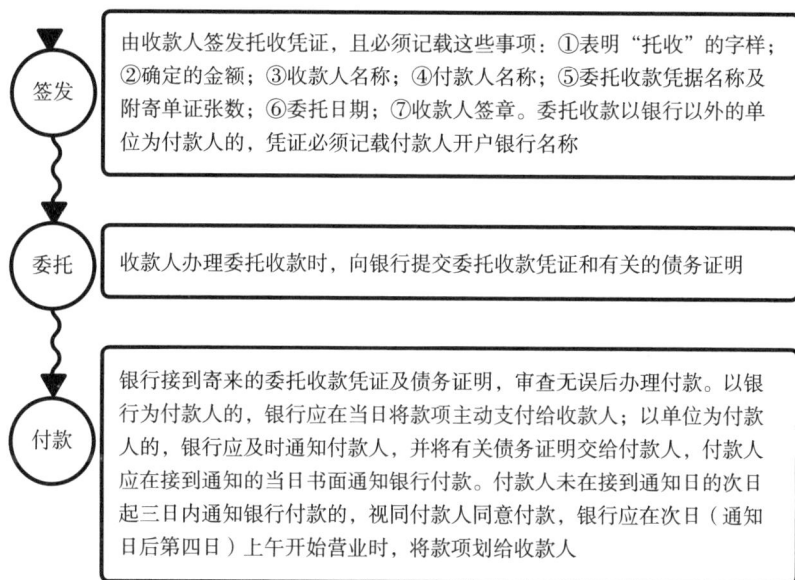

图 5-20　办理委托收款的程序

注意，银行在办理划款时，如果付款人存款账户不足支付，应通过被委托银行向收款人发出未付款项通知书。

付款人审查有关债务证明后，对收款人委托收取的款项需要拒绝付款的，可办理拒绝付款。以银行为付款人的，应自收到委托收款及债务证明的次日起三日内出具拒绝证明，连同有关债务证明、凭证寄给被委托银行，转交收款人；以单位为付款人的，应在付款人接到通知日的次日起三日内出具拒绝证明，持有债务证明的，应将其送交开户银行，银行将拒绝证明、债务证明和有关凭证一并寄给被委托银行，转交收款人。

（2）托收承付

托收承付是根据购销合同，由收款人发货后委托银行向异地付款人收取款项，由付款人向银行承认付款的结算方式。与委托收款相比，该结算方式只能用于异地办理。

托收承付结算，每笔的金额起点为一万元，但新华书店系统每笔金额起点为 1 000 元。

办理托收承付结算的款项，必须是商品交易和因商品交易而产生的劳务供应的款项。代销、寄销和赊销商品的款项不得办理托收承付结算。

使用托收承付结算方式的收款单位和付款单位，必须是国有企业、供销合作社和经营管理较好并经开户银行审查同意的城乡集体所有制工业企业。收付双方必须签有符合《中华人民共和国民法典》第三编规定的购销合同，且在合同上明确约定使用托收承付结算方式。

收款人办理托收，必须具有商品确实已经发运的证件，如铁路、航运、公路等运输部门签发的运单、运单副本和邮局包裹回执等。

托收承付的办理流程与委托收款的办理流程相似，具体细节在办理时按照银行提示的操作执行即可。

第六章 熟知错账查找与更正方法

出纳人员能保证自己的记账工作一点都没有错误吗？显然不敢这么理直气壮。为了在结账前确定已经记录的账目没有错误，从而为登记账簿提供准确无误的依据，我们就需要掌握一些错账查找方法和更正方法，知道怎么查出错账，也知道怎么规范更正错账。

- 对账，怎么就发生错账了呢
- 有错，发现错账怎么找到源头
- 改错，怎么更正错账才正确
- 结账，及时结账工作不能拖

一、对账，怎么就发生错账了呢

你有没有发现，不管做什么事情，自己感觉已经很仔细、小心了，但最后还是会出现这样那样的小问题或小差错。出纳人员的工作也一样，即使再细心，也无法百分百保证工作没有一丁点错误。为了给编制财务报表提供尽可能准确的经济信息，我们需要核查账目是否正确。

⑴ 找一找发生错账的原因

通俗地讲，错账就是会计人员在记账、登账过程中形成的错误账目。会计人员工作中不仔细可能形成错账，如重记、漏记经济业务及其对应金额，金额数字颠倒、错位或者单纯记错；也有可能即使认真做账了，也会形成错账，那么此时出现错账的原因又会是什么呢？

对于财会人员来说，处理一项完整的会计业务需要经过很多步骤才可能完成，而每一步之间又是相互关联的，一旦某一个环节出错，后面的环节也就会出错。

为了更好地减少错账，我们需要总结错账形成的原因，大致上有表 6-1 中的四类。

表 6-1　错账形成的原因

错账原因	简　　述
记账错误	主要表现为漏记、重记，金额数字颠倒、错位等
计算错误	主要表现为计算公式运用错误、选择的计算方法错误以及选择的计量单位错误等
会计确认不当	①与权责发生制确认时间不相符引起的错账 ②与计量要素的定义和特征不符的错账，比如资产类科目借记增加、贷记减少，结果会计处理成了借记减少、贷记增加 ③账户分类不当引起的错账，如预付账款是资产类科目，结果将其作为负债类科目做账，所引起的错账 ④资产性支出和收益性支出划分不当的错账，如采购生产用机器设备的价款，应确认为资产性支出，计入固定资产入账价值，结果却记成了生产成本或管理费用等收益性支出
会计估计错误	如企业在估计某项固定资产的预计使用年限时，多估计或少估计了预计使用年限，从而造成会计估计错误

续上表

错账原因	简 述
滥用会计政策变更和会计估计变更	如企业计提资产减值准备时，为达到调节利润的目的，采用不当方法或确定不当的比例计提资产减值准备。这样形成的会计差错应作为重大会计差错处理
应计项目与递延项目未调整	有些业务需要通过应计项目反映计提情况，如固定资产折旧、应收账款坏账准备和无形资产摊销等。比如企业应在本期核销的费用在期末时没有予以摊销，从而形成错账
对事实的忽视或误用	如企业对某项建造合同应按建造合同规定的方法确认营业收入，即按照建造工程完工程度分阶段确认营业收入，但企业却按确认商品销售收入的原则确认收入，即价值和风险发生转移时就全额确认收入
书写不规范	由于会计业务的前手经办人在填写数字、汉字时书写不规范，导致后手经办人没有看清会计信息，进而登错账

(02) 认识错账的常见类型

很显然，会计错账会影响企业投资者分析经营结果，从而误导投资者作出错误的决策；还会影响报表使用者对企业经营情况的认识和了解，使报表使用者无法真正掌握企业的经营状况。

财会工作中，可以根据会计错账对经营管理的影响程度，分为重大会计差错和非重大会计差错两类，如图 6-1 所示。

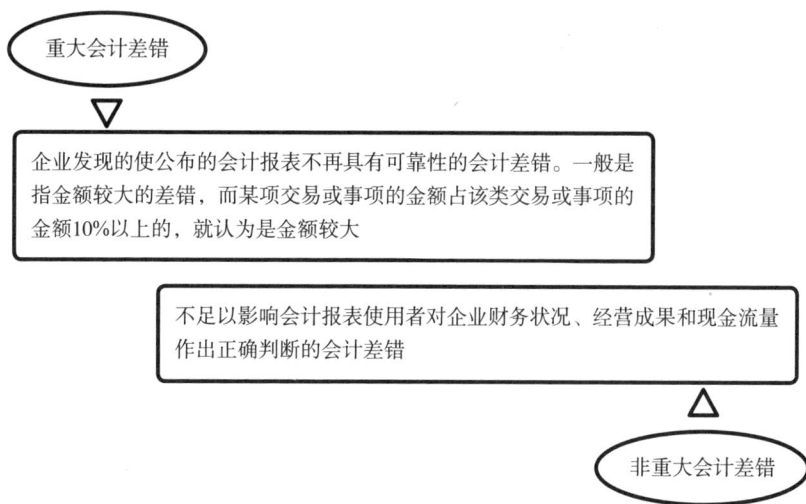

重大会计差错

▽

企业发现的使公布的会计报表不再具有可靠性的会计差错。一般是指金额较大的差错，而某项交易或事项的金额占该类交易或事项的金额10%以上的，就认为是金额较大

不足以影响会计报表使用者对企业财务状况、经营成果和现金流量作出正确判断的会计差错

△

非重大会计差错

图 6-1　会计错账的两大类型

如果根据会计错账被发现的时间进行划分，可以分为资产负债表日后发生的差错和当期发现的差错，其中"当期"是指当年年度内至资产负债表日期间。

如果根据会计错账发生时所属的会计期间进行划分，可以分为当年会计差错和以前年度会计差错。

如果结合会计错账被发现的时间和发生时所属的会计期间进行类别划分，此时种类就比较具体了，可总结出如下七种。

（1）当期发现的当年度的会计差错

无论是当期发现的当年度重大会计差错，还是非重大会计差错，此时会计人员应立即调整当期的有关项目。原因是：当年度的会计报表还尚未编制，无论是重大还是非重大的会计差错，均可以直接调整当期的有关错账科目或金额。

例如，2×22 年 6 月 2 日出纳人员发现上月从银行提取的一笔现金 1.00 万元尚未入账，于是在 6 月 2 日应编制如下会计分录并填制银行存款付款凭证，调整相关项目的账目。

借：库存现金　　　　　　　　　　　　　　10 000.00
　　贷：银行存款　　　　　　　　　　　　　　10 000.00

（2）当期发现的以前年度的非重大会计差错

如果企业财会人员在当期发现了以前年度的会计差错，且差错不重大，则直接调整当期相关项目，不需要调整发现当期的期初数，处理方法与前一种方法相同。

（3）当期发现的以前年度的重大会计差错

当期发现的以前年度的重大会计差错，需要分两种情况进行更正。一是涉及损益的，需要通过"以前年度损益调整"科目进行过渡核算，调整发现当年的期初留存收益，而且，会计报表中其他相关项目的期初数或上年数也应一并调整。

二是不影响损益的，就调整发现当期或当年的年度会计报表的相关项目的期初数。由于涉及损益的情况是以前年度的，与当期利润无关，因此这样的处理方式能够及时反映真实的会计信息，符合重要性和及时性原则，也不妨碍会计信息的可比性。

实例分析

当期发现前期营业收入未入账的错账

某公司为增值税一般纳税人，2×22 年 4 月 13 日发现 2×21 年 9 月底已经收到钱款的一项经济业务没有记录，相应的收入也没有入账，不含税价款为 7.50 万元，适用增值税税率 13%，增值税销项税额为 9 750.00 元，该批商品对应的营业成本也没有结转，共 4.80 万元。

公司适用的企业所得税税率为 25%，按规定净利润需按 10% 提取法定盈余公积。那么针对这一以前年度会计差错，应怎样更正错账呢？

解析：由于该公司 2×21 年已经收到货款的主营业务收入没有入账，主营业务成本也没有结转，这都属于以前年度发生的重大会计差错，且主营业务收入和主营业务成本都会影响损益，因此需要通过"以前年度损益调整"科目进行过渡核算，调整相关账目。

①将未入账的主营业务收入入账。

借：银行存款　　　　　　　　　　　　　　　　　84 750.00
　　贷：以前年度损益调整　　　　　　　　　　　　　 75 000.00
　　　　应交税费——应交增值税（销项税额）　　　　 9 750.00

②将没有结转的主营业务成本做结转。

借：以前年度损益调整　　　　　　　　　　　　　　48 000.00
　　贷：库存商品　　　　　　　　　　　　　　　　　 48 000.00

③由于主营业务收入的确认会增加利润，主营业务成本的结转会减少利润，因此这里要确认总的影响损益的金额，即 27 000.00 元（75 000.00-48 000.00），相应地，应交企业所得税就会增加，即 6 750.00 元（27 000.00×25%）。

借：以前年度损益调整　　　　　　　　　　　　　　6 750.00
　　贷：应交税费——应交企业所得税　　　　　　　　 6 750.00

④将"以前年度损益调整"科目的余额转入未分配利润。由于"以前年度损益调整"科目借方发生额 54 750.00 元（48 000.00+6 750.00），贷方发生额 75 000.00 元，因此最终表现为贷方余额 20 250.00 元（75 000.00-54 750.00），为了保持借贷平衡，需要将该科目的余额转入"利润分配——未分配利润"科目贷方。

借：以前年度损益调整   20 250.00

      贷：利润分配——未分配利润   20 250.00

⑤净利润按 10% 计提法定盈余公积 2 025.00 元（20 250.00×10%）。

借：利润分配——未分配利润   2 025.00

      贷：盈余公积——法定盈余公积   2 025.00

（4）资产负债表日后发现的当年度的会计差错

当企业财会人员在资产负债表日后发现当年度的会计差错，无论重大或非重大，应视同当期发现的当年度的会计差错，所以更正错账的方法同（1）的更正方法。

（5）资产负债表日后发现的报告年度的会计差错

这里先要明确什么是报告年度？报告年度指当年的上一年，由于上一年会计报表尚未报出，但当前又处于另一个会计年度，因此称当年的上一年为报告年度。

由于这样的会计差错发生于报告年度，因此无论是重大会计差错还是非重大会计差错，应按照资产负债表日后事项中的调整事项进行处理。

（6）资产负债表日后发现的报告年度以前的重大会计差错

在这类情况下，由于该类会计差错不是发生在报告年度，因此不能作为资产负债表日后调整事项处理，而是应该将差错的累积影响数调整为发现年度的年初留存收益，同时调整相关项目的年初数。这样看来，错账的更正方法与（3）的更正方法相同。

（7）资产负债表日后发现的报告年度以前的非重大会计差错

虽然这类会计差错发生在报告年度以前，但它属于非重大会计差错，因此不需要按照（6）的处理方法进行更正。

根据重要性原则，可以将属于报告年度以前的非重大会计差错调整为报告年度会计报表相关项目，换句话说，其更正方法与（4）的更正方法相同。这么做并不会影响会计信息的可靠性和可比性。

03 学会防范错账的简单措施

为了减少后期对账后发现错账进行更正的工作量，我们需要在前期做好会计差错的防范工作，尽可能确保不出现或少出现错账。那么，有哪些措施我们可以借鉴呢？见表 6-2。

表 6-2　防范会计错账的措施

措　　施	具体操作
健全制度	以《现金管理暂行条例》为行为准则，做好现金、银行存款的内部控制。如出纳人员不得登记现金日记账和银行存款日记账以外的会计账簿，非出纳人员一般不得经手现金；企业不得私设小金库；严禁坐支、挪用现金，严禁公款私存等
提高出纳人员职业素养	出纳人员需要面对巨大的金钱诱惑，为了防止错账，出纳人员就必须在工作中随时保持责任心、清醒的头脑、基本的工作原则以及法律的底线，保管好现金、凭证、各种票据和印鉴章等，防止遗失
出纳做账仔细且清晰	出纳人员填写原始凭证和记账凭证时，字迹要清晰、数字要规范、大小写金额前不得留有空白，避免给不法分子篡改数据的可乘之机；在填制记账凭证时，要按原始凭证的张数如实填写附件张数，并将附件规范地贴于记账凭证背面，防止脱落
手续完备	出纳人员在办理现金或银行存款收付款时，要严格履行办理手续，比如必须在接收到签字齐全的单据时才能付款
加强财务监督、核查	①加强会计监督，企业要主动为现金盘点工作提供良好的环境条件和人力条件。比如对账时主动为会计人员提供现金库存实有数 ②加强审计监督，如对财务收支进行不定期检查、审计，年终进行全面清查、审计，对检查、审计发现的问题要区别情况，及时处理 ③做好资金监控，如成立资金监控小组，检查财务收支情况和财务制度的执行情况，定期公布财务收支账目，接受全公司或全社会监督

二、有错，发现错账怎么找到源头

报表数据算过去算过来都觉得不对？期末数借贷方总是算不平？应收账款的金额巨大？明明利润表中净利润还是比较可观，但为什么就是感觉企业资金周转不过来？这些往往都意味着错账的存在，那么究竟从哪里开始就错了呢？怎么去找到错账的源头？

④ 除二法找借贷余额不平的错账

除二法是指在账账核对时发现账目不一致，此时将差额除以 2，根据取得的商数，在有关账户与记账凭证中查找错账的方法。

工作中，会计和出纳在记账时，不小心将借贷方向的金额记反，账面上就会出现一个特别的现象，即借贷不平衡，且其差额一定是偶数。

这种错账就可以运用除二法进行查找，而借贷方差额除以 2 以后的商数通常就是错账数，根据错账数就能在凭证或账簿中快速定位错账，找到相关经济业务。

实例分析

除二法找引起月末资产负债表左右合计数不相等的错账

2×22 年 5 月 31 日，财会人员编制资产负债表发现，左侧资产合计金额为 134 552.48 元，右侧负债与所有者权益合计金额为 102 663.30 元，很显然，账目不相等，且差额为 31 889.18 元。这就意味着该公司当月登记的账目出现了问题。于是财会人员要进行错账查找。

解析：财会人员发现资产负债表的左右侧金额合计数不相等，且差额为 31 889.18 元，是一个偶数，决定先采用除二法查找错账。

①用差额除以 2，即 31 889.18÷2=15 944.59（元）

②以得到的商数 15 944.59 元查找发生额为 15 944.59 元的经济业务。幸运的是，财会人员很快就找到了错账。原来是 2022 年 5 月 18 日，公司收到了一笔销售货款，金额恰好是 15 944.59 元。原本会计分录应编制如下：

借：银行存款　　　　　　　　　　　　　　　15 944.59

　　贷：应收账款　　　　　　　　　　　　　　15 944.59

而记账人员却误将会计分录写成了如下所示的样子：

借：应收账款　　　　　　　　　　　　　　　15 944.59

　　贷：银行存款　　　　　　　　　　　　　　15 944.59

---

⑤ 除九法找错位账和数字颠倒账

除九法是指在进行账账核对过程中发现账与账之间有差额，用差额除以 9 时能够除尽，就根据取得的商数分析查找错账的方法。

除九法适用于两种错账，一是数据的位数搞错，二是数据中的邻数之间相互交换了，换句话称之为邻数倒置。两种错账在使用除九法时，表现出来的特点是不同的。

（1）用除九法查出数据位数错误

数据位数错误，表现为很多种，如三位数整数记为四位数整数；四位数的数据记为三位数的数据等。

这类错账往往表现为借贷方合计不平衡，且借贷方差额可以被数字9整除，同时差额的各个位数之间的数字之和也等于9。比如借贷方差额为360.00元，首先360.00÷9得到40.00元，可以除尽；其次，360.00这一数据中各个位数之间的数字之和为9（3+6+0）。

使用时，将借贷方差额除以9，根据得到的商数，查找发生额为该商数的经济业务，从而快速找到错账。

实例分析

除九法找出出纳将5 000.00元错记成500.00元的错账

2×22年5月31日，某公司会计人员在检查银行存款日记账账簿时发现与银行存款明细账合计数不一致，两者相差4 500.00元。此时怎么找到错账呢？

解析：由于账账之间差额为4 500.00元，可以被数字9整除，商数为500.00元，因此决定采用除九法查找错账。

①用差额除以9，即4 500.00÷9=500.00（元）

②由于差额为4 500.00元，因此不可能是3位数写成两位数，或者将两位数写成3位数，这样一来，查找错账时就不会考虑正确金额为500.00元而错误金额为50.00元的经济业务，而是应该查找错账记录金额为500.00元或5 000.00元的经济业务。

③财会人员根据上述分析思路，快速查找金额为500.00元或5 000.00元的经济业务，找到了一笔金额为500.00元的提现业务。原本应该记提现金额为5 000.00元，结果记成了500.00元。这显然是出纳人员的工作错误。也就是说，出纳人员编制的错误会计分录如下：

借：库存现金 500.00
　　贷：银行存款 500.00
而正确的会计分录应该如下所示：
借：库存现金 5 000.00
　　贷：银行存款 5 000.00

（2）用除九法查出数据邻数倒置

数据邻数倒置也表现为很多种，如个位数与十位数倒置，十位数与百位数倒置，百位数与千位数倒置等。隔一个位数倒置的情况较少，如个位数与百位数倒置，十位数与千位数倒置等。

这类错账也会表现为借贷方合计不平衡，且借贷方差额可以被数字9整除，同时差额的每个位数之和也能被9整除。比如借贷方差额为63.00元，能被9整除，商数为7；同时差额63.00元的每个位数之和为9（6+3），也能被9整除。另外，商数的各个位数之和通常是倒置的两个数字之间的差额，比如商数为7，则两个倒置的数字之间差额为7。

使用时，将借贷方差额除以9，得到的商数就表示倒置的两个数字之差。同时，商数的位数也在一定程度上反映了两个倒置的数字处于的位数，比如商数为7，只有个位数，则两个倒置的数字应该是相邻倒置，且通常为个位数与十位数倒置；如果商数为72，两位数数据，则两个倒置的数字应该是隔了一位数倒置了，以此类推。下面来看具体的案例。

实例分析

除九法找出出纳将 56 500.00 元错记成 55 600.00 元的错账

2×22年5月31日，某公司会计人员在检查银行存款日记账账簿时发现与银行存款明细账合计数不一致，两者相差900.00元。此时怎么找到错账呢？

解析：由于账账之间差额为900.00元，可以被数字9整除，商数为100.00元，同时差额的各个位数之和为9，也能被9整除，因此决定采用除九法查找错账。

①由于差额的各个位数之和为9，是一位数数据，因此两个倒置的数字应该是相邻的。差额除以9的商数为100.00元，各个位数之和为1（1+0+0），说明两个倒置的数字是相邻的，再结合差额除以9为100.00元，是3位数数据，判断为百位数与千位数倒置。列举可能的情况如下。

倒置数字为0和1，要么0在千位、1在百位，注意此时万位必须有大于0的数字，要么1在千位、0在百位。

倒置数字为1和2，要么1在千位、2在百位，要么2在千位、1在百位。

倒置数字为2和3，要么2在千位、3在百位，要么3在千位、2在百位。

倒置数字为3和4，要么3在千位、4在百位，要么4在千位、3在百位。

倒置数字为4和5，要么4在千位、5在百位，要么5在千位、4在百位。

倒置数字为5和6，要么5在千位、6在百位，要么6在千位、5在百位。

倒置数字为6和7，要么6在千位、7在百位，要么7在千位、6在百位。

倒置数字为7和8，要么7在千位、8在百位，要么8在千位、7在百位。

倒置数字为8和9，要么8在千位、9在百位，要么9在千位、8在百位。

因此，可以找 ×01××.×× 的数字，或 ×10××.×× 的数字；也可以找 ×12××.×× 的数字，或 ×21××.×× 的数字；或者可以找 ×23××.×× 的数字，或 ×32××.×× 的数字；找 ×34××.×× 的数字，或 ×43××.×× 的数字……

②经过财会人员的仔细检查，终于发现了一笔记为 55 600.00 元的购买原材料的价税合计款。于是查找记账凭证所附的供应商开具的增值税专用发票，发现不含税金额为 50 000.00 元，增值税税额为 6 500.00 元，合计金额应为 56 500.00 元，出纳人员记账时把千位数6和百位数5倒置了，就成了错账 55 600.00 元。也就是说，错误记账凭证上的会计分录如下：

借：原材料 50 000.00

　　应交税费——应交增值税（进项税额） 6 500.00

　　贷：银行存款 55 600.00

而正确的记账凭证填制时会计分录如下。

借：原材料 50 000.00

　　应交税费——应交增值税（进项税额） 6 500.00

　　贷：银行存款 56 500.00

⑥ 差额法找重记或漏记账

差额法是指直接根据账账之间的差额在有关账户与记账凭证中查找错账的方法。当账面金额小于应记金额时，可能是漏记；当账面金额大于应记金额时，可能是重复记账。

因此，财会人员通常用差额法查找重记或漏记类错账。使用时，直接查找是否有金额等于差额的经济业务，从而找到错账。

实例分析

用差额法查找漏记的营业款

2×22 年 5 月 31 日，财会人员在核对总账和明细账时，发现银行存款总账合计金额比明细账合计金额少了 35 000.00 元。那么要怎样才能找到错账呢？

解析：因为差额 35 000.00 元不能被 9 整除，所以首先排除除九法。由于差额为偶数，财会人员通过除二法查找错账，以商数 17 000.00 元查找相关业务，发现并没有业务涉及 17 000.00 元这一数据。于是决定采用差额法，直接查找是否有漏记或重记的错账。

经过仔细核查，发现原本应该有两笔销售商品的营业款金额均为 35 000.00 元。而总账中只登记了一笔经济业务。这样就找到了漏记的错账。

如果发现明细账中有一笔销售商品的营业款金额为 35 000.00 元，而总账中却没有，也属于总账漏记了这笔经济业务。此时原本应该有的涉及金额为 35 000.00 元的经济业务就只有一笔。

注意，在发现是总账与明细账之间账目不一致时，通过合计数相等来查找错账，也被称为母子法，"母"为总账金额，"子"为明细账金额。原理其实与差额法相似，这里不做详述。

三、改错，怎么更正错账才正确

在会计工作中发现错账时，你是不是直接就划掉错误的金额，并在原来的凭证或账簿上直接修改呢？改正错账以后，你有没有重新填制记账凭证呢？如果你这时对自己的处理方式存疑了，那么你的错账更正方法很可能是错的，这显然是不符合会计工作规范的。

07 仅账簿记录有误用画线更正法

画线更正法是指用画红线注销错误记录，然后在错误记录的上方写上正确的记录。这种方法主要适用于在结账前发现账簿记录有文字或数字错误，而记账凭证没有错误的情况。

使用画线更正法更正错账时，先在错误的文字或数字上画一条红线，然后在红线的上方填写正确的文字或数字，并由记账人员和会计机构负责人（即会计主管人员）在更正处签章，以明确责任。需要注意的是，更正时不得只划销错误数字，应将全部数字划销，并保持原有数字清晰可辨，以便后期审查。

实例分析

凭证无误而账簿有误用画线更正法改错

2×22 年 6 月 11 日，出纳在核查现金日记账时发现 10 日登记的现金日记账记录有误，记账凭证填制无误，只是在登记账簿时，将对方科目填写成了“银行存款”，同时将金额错写成 5 500.00 元。所以，更正错账时，直接在对方科目“银行存款”文字上画红线，在此处加盖记账人员签章；同时将错误的贷方金额 5 500.00 元和余额 140 706.50 元全部用红线划销，在其上方写出正确金额 500.00 元和 145 206.50 元，同时加盖记账人员签章。

图 6-2 是结账前出纳人员对现金日记账的错账采用画线更正法进行更正的示意图。

现 金 日 记 账

2×22年		凭证		对方科目	摘要	借方									贷方									余额									核对
月	日	种类	号数			百	十	万	千	百	十	元	角	分	百	十	万	千	百	十	元	角	分	百	十	万	千	百	十	元	角	分	
					承前页																				1	4	5	7	0	6	5	0	
6	6	记	10	其他应收款	付李某借备用金												张会计		5	0	0	0	0		1	4	5	2	0	6	5	0	
				~~银行存款~~														~~5~~	~~5~~	~~0~~	~~0~~	~~0~~	~~0~~		~~1~~	~~4~~	~~0~~	~~7~~	~~0~~	~~6~~	~~5~~	~~0~~	
				张会计																					张会计								

图 6-2　账簿中的错账采用画线更正法

该经济业务为向李某付借备用金 500.00 元，因此会计分录如下所示：

借：其他应收款——李某　　　　　　　　500.00

　　贷：库存现金　　　　　　　　　　　500.00

注意，如果该案例中会计科目没有错误，只是金额多记了，那么还可以用红字更正法改错。

⑧ 记账后凭证科目有误用红字更正法

红字更正法是需要填制红字记账凭证的一种方法，具体的更正操作会因为错账类型的不同而不同。那么，是不是所有错账都可以用这种方法进行更正呢？显然不是，它主要适用于两种情况。

①记账后，发现记账凭证中应借、应贷会计科目有错误而引起的错账。

②记账后，发现记账凭证和账簿记录中应借、应贷会计科目无误，只是所记金额大于应记金额而引起的错账。

上述两种错账，其更正操作是不同的。

出现第一种错账并使用红字更正法时，先用红字填制一张与原错误记账凭证完全相同的记账凭证，并在摘要栏内写明"注销 × 年 × 月 × 日 × 号凭证"字样，据以用红字登记入账，以示注销原错误记账凭证；然后用蓝字填制一张正确的记账凭证，并据以用蓝字登记入账。

出现第二种错账并使用红字更正法时，具体操作在下一小节介绍。

实例分析

凭证科目错误引起的错账用红字更正法

2×22 年 5 月 31 日，出纳人员在检查现金日记账和银行存款日记账时，发现账目有误，于是进行错账查找，发现是 5 月 27 日的一笔现金付办公费记录有误，贷方科目应为库存现金，但出纳人员登记记账凭证时将贷方科目写成了银行存款，金额没有错误，由此引发现金日记账少一笔开支，而银行存款多一笔开支。于是决定采用红字更正法改错。

图 6-3 为出纳人员填制的错误记账凭证。

记 账 凭 证

2×22 年 5 月 27 日　　　　　　　　　字第 32 号

摘要	总账科目	明细科目	借方金额	贷方金额	附件
			千百十万千百十元角分	千百十万千百十元角分	
付赵某报购买办公用品费	管理费用	办公费	1 3 0 0 0 0		2
付赵某报购买办公用品费	银行存款			1 3 0 0 0 0	张
合计（大写）壹仟叁佰元整			￥1 3 0 0 0 0	￥1 3 0 0 0 0	
会计主管　　　　　记账　　　　　　出纳×× 　　　　制单××					

图 6-3　记账后发现凭证会计科目有误

填制与原错误记账凭证完全相同的红字记账凭证，如图 6-4 所示。

记 账 凭 证

2×22 年 5 月 31 日　　　　　　　　　字第 40 号

摘要	总账科目	明细科目	借方金额	贷方金额	附件
			千百十万千百十元角分	千百十万千百十元角分	
付赵某报购买办公用品费	管理费用	办公费	1 3 0 0 0 0		3
付赵某报购买办公用品费	银行存款			1 3 0 0 0 0	张
备注：注销2×22年5月27日第32号凭证					
合计（大写）壹仟叁佰元整			￥1 3 0 0 0 0	￥1 3 0 0 0 0	
会计主管　　　　　记账　　　　　　出纳×× 　　　　制单××					

图 6-4　与原错误记账凭证完全相同的红字记账凭证

　　注意，因为该方法适用的是记账后，说明出纳人员已经根据错误的记账凭证登记了账簿，因此，出纳人员还应该根据填制的红字记账凭证登记账簿，只需要在当月现金日记账的最后一笔经济业务后面用红字登记一条记录，这里不再展示账簿中的更正示意图。

　　用红字更正法冲销原错误记账凭证的记录后，出纳人员还需要按照正确的会计科目填制一张蓝字记账凭证，如图 6-5 所示。

图 6-5　用蓝字填制正确的记账凭证

09 记账后凭证与账簿中金额多记用红字更正法

记账后发现凭证和账簿记录中应借、应贷会计科目没有错误，只是所记金额大于应记金额引起的错账，在用红字更正法进行改错时，直接按多记的金额用红字填制一张与原错误记账凭证应借、应贷科目完全相同的记账凭证，并在摘要栏内写明"冲销 × 年 × 月 × 号凭证多记金额"字样，以冲销多记的金额，并据以用红字登记入账。

实例分析

凭证金额比应记金额多记的错账也用红字更正法

2×22 年 5 月 31 日，出纳人员在检查现金日记账时发现账目有误，于是进行错账查找，原来是 5 月 30 日的一笔前期应收账款金额有误，且是错误凭证金额比应记金额多，已知应记金额为 2 200.00 元，错误凭证记录金额为 22 000.00 元，多记 19 800.00 元，导致现金日记账的记录也出现错误，于是决定采用红字更正法改错。

图 6-6 为多记了金额的错误记账凭证。

按照多记的金额 19 800.00 元，用红字填制一张与原错误记账凭证应借、应贷科目完全相同的记账凭证，如图 6-7 所示。

记 账 凭 证

2×22 年 5 月 30 日 　　　　　　字第 35 号

摘要	总账科目	明细科目	借方金额									贷方金额									附件
			千	百	十	万	千	百	十	元	角	分	千	百	十	万	千	百	十	元	角	分	
收到某企业欠款	银行存款				2	2	0	0	0	0	0	0											
收到某企业欠款	应收账款	某企业													2	2	0	0	0	0	0	0	2 张
合计（大写）贰万贰仟元整				¥	2	2	0	0	0	0	0	0		¥	2	2	0	0	0	0	0	0	
会计主管		记账			出纳 ××				制单 ××															

图 6-6　多记了金额的错误记账凭证

记 账 凭 证

2×22 年 4 月 30 日 　　　　　　字第 42 号

摘要	总账科目	明细科目	借方金额									贷方金额									附件
			千	百	十	万	千	百	十	元	角	分	千	百	十	万	千	百	十	元	角	分	
收到某企业欠款	银行存款					1	9	8	0	0	0	0											
收到某企业欠款	应收账款	某企业														1	9	8	0	0	0	0	3 张
备注：冲销2×22年5月30日第35号凭证多记金额																							
合计（大写）壹万玖仟捌佰元整					¥	1	9	8	0	0	0	0			¥	1	9	8	0	0	0	0	
会计主管		记账			出纳 ××				制单 ××															

图 6-7　冲销错误记账凭证中多记的金额

填制好红字冲销凭证后，出纳人员还应据以用红字登记入账。

拓展贴士 *错账更正中的"蓝字"和"红字"的理解*

出纳人员或会计人员在更正错账时，蓝字通常表示正数，即用蓝色或黑色墨水正常填制记账凭证和登记账簿。红字通常表示负数，用来冲销错误记账凭证或改正错误账簿记录。

⑩ 记账后凭证与账簿中金额少记用补充登记法

与红字更正法中第二种情形相对应的是，记账后发现记账凭证与账簿记录中应借、应贷会计科目无误，只是所记金额小于应记金额的情况。这种错账需要使用的错账更正方法为补充登记法。

使用时，直接按照少记的金额用蓝字登记一张与原少记金额的错误记账凭证应借、应贷科目完全相同的记账凭证，并在摘要栏内写明"补记 × 年 × 月 × 日 × 号凭证少记金额"字样，以补充少记的金额，并据以用蓝字登记入账。

实例分析

凭证金额比应记金额少记的错账用补充登记法

2×22 年 5 月 31 日，出纳人员在检查银行存款日记账时发现账目有误，于是进行错账查找，原来是 5 月 30 日的一笔付原材料价款金额有误，且是错误凭证金额比应记金额少了，已知应记金额为 15 000.00 元，错误凭证记录金额为 1 500.00 元，少记 13 500.00 元，导致银行存款日记账的记录也出现错误，于是决定采用补充登记法改错。

图 6-8 为少记了金额的错误记账凭证。

记 账 凭 证

2×22 年 5 月 30 日 　　　　　　　　字第 36 号

摘要	总账科目	明细科目	借方金额								贷方金额								附件
			千	百	十	万	千	百	十	元	角	分	千	百	十	万	千	百	十	元	角	分	
付购买原料款	原材料						1	5	0	0	0	0											2
付购买原料款	银行存款																1	5	0	0	0	0	张
合计（大写）壹仟伍佰元整							¥	1	5	0	0	0	0				¥	1	5	0	0	0	0	

会计主管　　　　　　记账　　　　　　出纳××　　　　　制单××

图 6-8　少记了金额的错误记账凭证

按照少记的金额 13 500.00 元，用蓝字填制一张与原错误记账凭证应借、应贷科目完全相同的记账凭证，如图 6-9 所示。

记 账 凭 证

2×22 年　5 月 31 日　　　　　　　　　　字第 43 号

摘要	总账科目	明细科目	借方金额									贷方金额									附件
			千	百	十	万	千	百	十	元	角	分	千	百	十	万	千	百	十	元	角	分	
付购买原料款	原材料					1	3	5	0	0	0	0											3 张
付购买原料款	银行存款															1	3	5	0	0	0	0	
备注：补充2×22年5月30日第36号凭证少记金额																						
合计（大写）壹万叁仟伍佰元整				¥	1	3	5	0	0	0	0			¥	1	3	5	0	0	0	0		

会计主管　　　　　　记账　　　　　　出纳 ××　　　　　　制单 ××

图 6-9　补充登记原错误记账凭证少记的金额

填制好蓝字补充登记的凭证后，出纳人员还应据以用蓝字登记入账。

四、结账，及时结账不能拖

相信很多有记账习惯的人，在每月月末时就会统计出当月总共花费了多少钱，总共收入了多少钱吧！财会工作也一样，需要在月末或期末做结账工作，以明确当月各账户的发生额和余额情况。

⑪ 结账的两内容 + 五要点

结账是财会人员将账簿记录定期结算清楚的工作，为了在一定时期结束后更高效地编制财务报表，企业需要进行结账，其内容有两个方面。

①结清各种损益类账户，据以计算确定当期利润。

②结出各项资产、负债和所有者权益账户的本期发生额合计和期末余额。

在结账时，财会人员不仅需要知道结账的具体内容，还需要牢记结账的要点，见表 6-3。

表 6-3　结账工作的五个要点

账　　户	结账要点
不需要按月结计本期发生额的账户	如各项应收、应付款明细账和各项财产物资明细账等。 每次记账后，都要随时结出余额，每月最后一笔余额是月末余额。月末结账时，只需要在最后一笔经济业务记录下面通栏画单红线，不需要再次结计余额，如图 6-10 所示
日记账和需要按月结计发生额的账户	如现金日记账、银行存款日记账、收入类明细账和费用类明细账等。 每月结账时，在最后一笔经济业务记录下方通栏画单红线，结出本月发生额和余额，同时在摘要栏内注明"本月合计"字样，并在下面通栏画单红线，如图 6-11 所示
需要结计本年累计发生额的明细账户	如收入、支出、费用类等明细账户，既要结计本月发生额合计数，又要结计本年累计发生额合计数。 注意，每年第一个月末，不需要结计本年累计发生额合计数，第一个月只有一笔经济业务的，既不需要结计本月发生额合计数，也不需要结计本年累计发生额合计数。 结账时，先在本月最后一笔经济业务下方通栏画一条单红线，结出本月发生额合计数，并在摘要栏内注明"本月合计"字样，再在"本月合计"行下结出自年初起至本月末止的本年累计发生额合计数，并在摘要栏内注明"本年累计"字样，同时在其下方通栏画一条单红线，如图 6-12 所示
总账账户	平时需要结出月末余额，操作可参考日记账和需要按月结计发生额的账户。 年终结账时，要将所有总账账户结出全年发生额合计数和年末余额，在摘要栏内注明"本年合计"字样，并在合计数下面通栏画双红线
年终结账时有余额的账户	年终结账时有余额的账户，应将其余额结转下年，并在摘要栏内注明"结转下年"字样；同时在下一会计年度新建有关账户的第一行余额栏内填写上年结转的余额，并在摘要栏内注明"上年结转"字样，使账户的余额如实反映在账户中

应收账款明细账

2×22年		凭证		对方科目	摘要	借方									贷方									余额									核对
月	日	种类	号数			百	十	万	千	百	十	元	角	分	百	十	万	千	百	十	元	角	分	百	十	万	千	百	十	元	角	分	
					承前页																				4	5	7	0	6	5	0	
6	6	记	15	主营业务收入	销售商品暂未收到款项		5	0	0	0	0	0	0	0											9	5	7	0	6	5	0	
6	7	记	24	应交税费	核算应缴纳增值税			6	5	0	0	0	0	0										1	0	2	2	0	6	5	0	
6	8	记	30	银行存款	收到商品货款											5	6	5	0	0	0	0	0		4	5	7	0	6	5	0	

图 6-10　不需要结计本期发生额的月末结账示意图

现 金 日 记 账

月	日	种类	号数	对方科目	摘要	百	十	万	千	百	十	元	角	分	百	十	万	千	百	十	元	角	分	百	十	万	千	百	十	元	角	分	核对
						2×22年/凭证				借 方								贷 方								余 额						
					承前页																					4	5	7	0	6	5	0	
5	6	记	8	银行存款	提取现金			5	0	0	0	0	0	0												9	5	7	0	6	5	0	
5	10	记	15	备用金	付张三借备用金													3	0	0	0	0	0			9	2	7	0	6	5	0	
5	18	记	24	差旅费	付李四报差旅费															7	9	7	0	0			9	1	9	0	9	5	0	
5	31				本月合计			5	0	0	0	0	0	0					3	7	9	7	0	0			9	1	9	0	9	5	0	

图6-11 日记账与需要结计本期发生额的月末结账示意图

主营业务收入

月	日	种类	号数	摘要	百	十	万	千	百	十	元	角	分	百	十	万	千	百	十	元	角	分	借或贷	百	十	万	千	百	十	元	角	分	核对
							借 方									贷 方										余 额								
				承前页		3	5	7	2	1	0	0	0		3	7	4	9	1	0	0	0	贷			1	7	7	0	0	0	0	
5	24	记	60	销售产品、收到部分货款													3	7	5	0	0	0	贷			2	1	4	5	0	0	0	
5	26	记	65	销售产品、款未收													3	0	0	0	0	0	贷			2	4	4	5	0	0	0	
5	29	记	69	销售产品、货款收存银行												1	2	0	0	0	0	0	贷			3	6	4	5	0	0	0	
5	31	记	81	结转本月收入			3	6	4	5	0	0	0										平										
5	31			本月合计			3	6	4	5	0	0	0			3	6	4	5	0	0	0	平										
				本年累计		3	9	3	6	6	0	0	0		3	9	3	6	6	0	0	0	平										

图6-12 收入、支出、费用类明细账户的月末结账示意图

这些示意图中展示的几乎都是月结操作的样子，那么除了月结，企业还会在其他特殊时点进行结账工作，操作示意图又会不同。

⑫ 不同时点的结账规范要牢记

这里的不同时点，主要指月末、季末和年末，这些特殊时点的结账操作是不同的。

（1）月结

需要按月结计本期发生额合计数的账户，就需要按照月结的要求进行结账，参考上一小节表格中前两种情况。

月结时，要在最后一笔经济业务下方画通栏单红线，然后在红线下方的摘要栏内注明"本月合计"字样，在"借方"和"贷方"栏的最后一笔经济业务下一行分别填写本月借方合计数和本月贷方合计数，在"余额"栏结出月末余额，同时在"借或贷"栏内注明借贷方向。最后在"本月合计"行下方画上一条通栏单红线，以便与下月发生额之间划清界限。

需要注意的是，月结时通常都画通栏单红线，不能只在金额的位置画单红线。

（2）季结

季结一般是每个季度进行一次的结账工作。

结账时，在每个季度最后一个月的月结的下一行，在摘要栏内注明"本季合计"字样，并在该行结出借贷方发生额合计数和季末余额。然后在这一行下方画一条通栏单红线，表示季结的结束。如图6-13所示。

现 金 日 记 账

2×19年		凭证		对方科目	摘要	借方									贷方									余额									核对
月	日	种类	号数			百	十	万	千	百	十	元	角	分	百	十	万	千	百	十	元	角	分	百	十	万	千	百	十	元	角	分	
					承前页																					4	5	7	0	6	5	0	
12	6	记	8	银行存款	提取现金			5	0	0	0	0	0	0												9	5	7	0	6	5	0	
12	10	记	15	备用金	付张三借备用金													3	0	0	0	0	0			9	2	7	0	6	5	0	
12	18	记	24	差旅费	付李四报差旅费															7	9	7	0	0			9	1	9	0	9	5	0	
12					本月合计			5	0	0	0	0	0	0					3	7	9	7	0	0			9	1	9	0	9	5	0	
12					本季合计			5	0	0	0	0	0	0					3	7	9	7	0	0			9	1	9	0	9	5	0	

图6-13 季结

（3）年结

年结是指会计年度终了后的结账工作。

结账时，在第四季度的季结的下一行，或者不进行季结的12月份月结的下一行，在摘要栏内注明"本年合计"字样，并同时结出借贷方发生额合计数和月末余额，然后在该行下方划通栏双红线，以示当年封账。最后，还要在通栏双红线的下一行摘要栏内注明"结转下年"字样。如图6-14所示。

在下一会计年度启用相关账户的账簿时，要将上一年结转的余额进行誊抄，同时在该行摘要栏内注明"上年结转"字样，如图6-15所示。

至此，企业的对账、查找错账、改错账和结账的工作就告一段落。

现 金 日 记 账

2×21年		凭证		对方科目	摘要	借方								贷方								余额								核对
月	日	种类	号数			百	十	万	千	百	十	元	角	分	百	十	万	千	百	十	元	角	分	百	十	万	千	百	十	元	角	分	
					承前页																				4	5	7	0	6	5	0	
12	6	记	8	银行存款	提取现金			5	0	0	0	0	0	0											9	5	7	0	6	5	0	
12	10	记	15	备用金	付张三借备用金												3	0	0	0	0	0			9	2	7	0	6	5	0	
12	18	记	24	差旅费	付李四报差旅费													7	9	7	0	0			9	1	9	0	9	5	0	
12					本月合计			5	0	0	0	0	0	0			3	7	9	7	0	0			9	1	9	0	9	5	0	
12					本季合计			5	0	0	0	0	0	0			3	7	9	7	0	0			9	1	9	0	9	5	0	
					本年合计			5	0	0	0	0	0	0			3	7	9	7	0	0			9	1	9	0	9	5	0	
					结转下年																											

图 6-14 年结

现 金 日 记 账

2×22年		凭证		对方科目	摘要	借方								贷方								余额								核对
月	日	种类	号数			百	十	万	千	百	十	元	角	分	百	十	万	千	百	十	元	角	分	百	十	万	千	百	十	元	角	分	
					上年结转																				9	1	9	0	9	5	0	
1	6	记	8	银行存款	提取现金			4	0	0	0	0	0	0											1	3	1	9	0	9	5	0	
1	10	记	15	备用金	付张三借备用金												2	0	0	0	0	0			1	2	9	9	0	9	5	0	
1	18	记	24	差旅费	付李四报差旅费													8	0	0	0	0			1	2	9	1	0	9	5	0	
					本月合计			4	0	0	0	0	0	0			2	8	0	0	0	0			1	2	9	1	0	9	5	0	

图 6-15 结转上年末的余额

第七章 工资及专项扣除的核算与发放

　　专项扣除就是我们常说的个人缴纳部分的社保、医保和住房公积金。其缴纳的标准是什么？生活中，你是否经常听见上班族们讨论这样的问题？没错，工资、社保、医保和住房公积金等都关系着劳动者的切实利益，自然得到劳动者的密切关注，出纳人员需要会相应的工作。

- 怎么核算员工的工资
- 员工社保、医保和住房公积金怎么缴
- 编制工资表并发放工资

一、怎么核算员工的工资

自己每月应拿的工资是多少？工资的组成结构是怎么样的？有没有算上加班工资？加班工资的算法是否符合劳动法的规定等。这些都是在职劳动者非常关心的问题。要让劳动者对自己的工资数额没有异议，企业出纳人员就需要做好员工工资的核算工作。

⑴ 日薪制、月薪制和年薪制等计时工资

不同的企业或组织，给员工制定的薪酬发放制度不同，主要有日薪制、月薪制和年薪制三种。大多数企业采用的是月薪制的薪酬发放制度。

（1）日薪制

日薪制是指企业根据生产经营需要，以日薪作为计酬标准，按照实际工作日每天进行工资支付的一种短期用工形式。也就是说，日薪制适用于企业向临时工作者或短期内完成工作的工作者支付工资的情形。

日薪制中工资的计算，是按职工实际出勤天数和日工资标准计算应付工资，通常采用计时工资的形式，用公式表示如下：

$$应付计时工资 = 出勤天数 \times 日工资标准$$

采用日薪制计算职工的应付工资，虽然有利于企业精准核算生产成本、管理费用等，但由于每个月实际工作天数可能不同，各职工出勤天数也可能不同，所以每个月都要进行工资核算，出纳员和会计人员的工作量就会相应增加。因此这种计算薪酬的方法不适用于企业的长期稳定员工。

下面来看一个简单的例子。

实例分析

采用日薪制核算临时工的应发工资

2×22 年 6 月 6 日起至 6 月 10 日，某公司会进行为期五天的新产品宣传活动，其中，外聘了八名临时工对外宣发新产品传单，给予的工资标准为每人每天 120.00 元，且每天结算一次工资。

每天公司需支付的工资数额 =8×120.00=960.00（元）

传单发放工作共需支付工资数额 =960.00×5=4 800.00（元）

由于临时工工资每天发放一次，因此公司不需要先确认当天应发的临时工资再做实际发放工资的账务处理，而是可以直接将支付的工资计入与销售活动有关的销售费用中，会计分录如下：

借：销售费用——临时工资   960.00

  贷：银行存款/库存现金   960.00

（2）月薪制

月薪制是指按照职工固定的标准工资扣除缺勤工资来计算其应发工资的计薪方法。在月薪制下，无论各月日历天数有多少天，只要职工满勤，就可获得相应的全额工资。如果职工缺勤，就要从当月全额工资中扣除缺勤天数对应的工资额，然后才得到员工的应发工资。用计算公式表示如下：

应付计时工资 = 工资总额 − 缺勤应扣工资

缺勤应扣工资 = 事假和旷工天数 × 日工资标准 + 病假天数 × 日工资标准 × 扣款比例

需要注意的是，上述计算公式中，工资总额的组成结构的确认也很重要，它一般包括岗位基本工资、绩效工资和加班工资。其中，绩效工资也会因为岗位的不同而有不同的核算规则，这里不做详述。比如销售人员的绩效工资就是我们常说的提成。如果是行政管理类岗位，可能还没有绩效工资这一块儿。

实例分析

月薪制下核算员工应发工资

某公司出纳人员核算 2×22 年 5 月各员工的应发工资，其中财务部的李某当月共出勤 19 天，休息日八天，法定节假日一天，请病假两天，事假一天。公司规定病假扣款比例为 50%，月标准工资为 4 000.00 元。假设李某当月没有发生加班工资，也没有绩效工资，计算李某 5 月应发工资。

①如果每月按日历天数计算平均月计薪天数，工资计算如下：

月计薪天数 =360÷12=30（天）

日工资标准 =4 000.00÷30≈133.33（元）

应付计时工资 =4 000.00-133.33×1-133.33×2×50%=3 733.34（元）

确认李某 5 月应发工资时，编制如下会计分录。

借：管理费用——工资　　　　　　　　　　　3 733.34

　　贷：应付职工薪酬——工资、奖金、津贴和补贴　　3 733.34

实际向李某发放工资时，假设不考虑企业为其代扣代缴的社保、医保和住房公积金，编制会计分录如下。

借：应付职工薪酬——工资、奖金、津贴和补贴　　3 733.34

　　贷：银行存款　　　　　　　　　　　　　3 733.34

注意，实际核算员工工资时，企业不会针对每一个员工分别做上述账务处理，而是将每月全部员工的应发工资和实际发放工资统一做账处理。这里只是为了更好地说明工资确认与实际发放的不同账务处理而对李某个人的应发工资和实发工资进行说明。

②如果每月按照法定平均计薪天数 21.75 天计算，应发工资如下：

日工资标准 =4 000.00÷21.75≈183.91（元）

应付计时工资 =4 000.00-183.91×1-183.91×2×50%=3 632.18（元）

（3）年薪制

年薪制是以年度为单位，依据企业的生产经营规模和经营业绩，确定并支付劳动者年薪的计薪方式。这种方法通常适用于企业的经营者以及高级管理层人员。年薪制下工资的核算通常与企业当年的经营成果挂钩，经营效益好，年薪高，经营成果不好，年薪可能打折扣。

下面列举一些常见的年薪制报酬结构。

◆　准公务员型模式

该模型下，其报酬结构如图 7-1 所示。

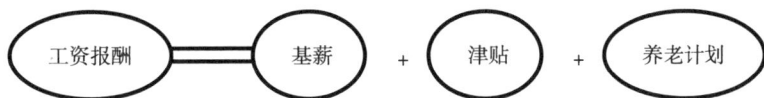

图 7-1 准公务员型模式的报酬结构

这种报酬结构下，报酬数量取决于企业性质、规模和高层管理人员的行政级别，一般基薪为职工平均工资的 2~4 倍，适用于所有达到一定级别的高层管理人员。

◆ 一揽子型模式报酬结构：单一固定数量年薪

这种报酬结构下，报酬数量相对较高，与年度经营目标挂钩，实现经营目标后可得到事先约定好的固定数量的年薪。比如，某企业规定某企业高管年薪为 15.00 万元，但必须在当年实现减亏 500.00 万元。该结构适用于具体的某位经营者或高管，如总经理或兼职董事长。

◆ 非持股多元化型模式报酬结构：基薪 + 绩效 + 奖金 + 养老计划

该模型下，其报酬结构如图 7-2 所示。

图 7-2 非持股多元化型模式的报酬结构

该报酬结构下，确定基薪时要依据企业的资产规模、销售收入和职工人数等指标；确定绩效和奖金时要考虑净资产增长率、利润增长率、销售收入增长率和职工工资增长率等指标，还要结合行业平均效益水平来考核经营者或高管的业绩。该结构适用于一般的国有企业经营者，如总经理或兼职董事长。

◆ 持股多元化型模式

该模式下，其报酬结构如图 7-3 所示。

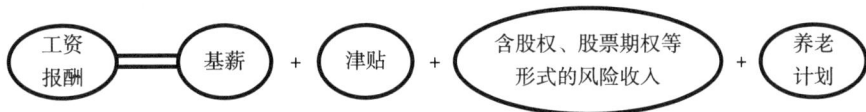

图 7-3 持股多元化型模式的报酬结构

该报酬结构下，报酬数量中的基薪取决于企业经营难度和责任，一般为职工平均工资的 2~4 倍；含股权、股票期权等形式的风险收入取决于企业经营业绩和市场价值。该模式适用于一般的国有企业经营者，如总经理或兼职董事长。

◆ 分配权模型

该模型下，其报酬结构如图 7-4 所示。

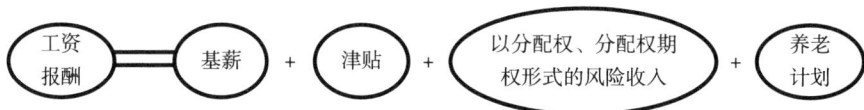

图 7-4　分配权模型的报酬结构

该报酬结构下，报酬数量中的基薪取决于企业经营难度和责任；以分配权、分配权期权形式体现的风险收入取决于企业利润率之类的经营业绩。该模式适用于一般的国有企业经营者，如总经理或兼职董事长。

02　哪些员工适合采用计件工资

计件工资是指按照产量和计件单价计算工资的方法。产量包括合格品数量和不合格品数量。有些企业为了充分调动生产工人的积极性，在计件工资计算过程中，只以合格品数量为依据核算计件工资。用下列公式简单表示计件工资的核算规则。

应付计件工资 = 产量 × 计件单价

至于该公式中的产量是用合格品产量，还是用包括不合格品的产量，由各企业自行确定。

那么，哪些员工的工资核算适合采用计件工资呢？有两种，一是生产线上的员工工资。二是销售部门销售员工的工资。

总的来说，需要以工作数量来激励员工积极工作的对应岗位的员工的工资，适用于计件工资法核算薪酬。

实例分析

生产工人工资采用计件工资法核算

某公司为电子制造厂，员工工资按件计算，多劳多得。已知公司规定每人每件完工合格品得 12.00 元。员工叶某 2022 年 5 月经手完工的合格品共500 件，计算叶某当月的应发工资。假设不考虑社保和医保的代扣代缴问题，也没有发生加班费。

叶某计件工资 =12.00×500=6 000.00（元）

注意，计件工资制度下，由于员工可以多劳多得，因此通常没有绩效工资的说法。如果有绩效工资，就可能是员工的工作量超过了企业规定的标准量，超过部分对应的工资为绩效工资。

⑬ 周内加班能拿多少工资

按照劳动法的规定，无论是行政管理类岗位的员工，还是生产类岗位的员工，涉及加班的，企业都应该核算并向员工发放加班工资，但是，如果企业能安排加班过的员工进行同等时间补休的，可以不发加班工资。另外，不同时间段内加班，对应的加班工资的算法是不同的。

周内加班是指每周周一至周五下班以后加班的情况，通俗地说，就是企业安排劳动者延长工作时间。按照劳动法的规定，这类加班工作，员工的加班工资按照标准工资的 1.5 倍计算。

加班工资 = 小时工资标准 × 加班小时数 ×150%

在计算小时工资标准时，一般通过日工资标准换算而来，而每日标准工时数通常以八小时计算。

实例分析

员工周内加班的加班工资核算

某公司实行每日八小时工作制度，每月标准工资为 4 000.00 元，按照法定月平均计薪天数 21.75 天确定日工资标准。已知员工元某 2022 年 5 月是全勤，当月有五个工作日上班时间结束后加班，总加班时长为十个小时。计算元某当月可以获得多少加班工资？

日工资标准 =4 000.00÷21.75≈183.91（元）

小时工资标准 =183.91÷8≈22.99（元）

加班工资 =22.99×10×150%=344.85（元）

④ 周末加班工资是两倍

周末是休息日，按照劳动法的规定，休息日企业安排劳动者工作又不能安排补休的，支付不低于工资的 200% 的工资报酬。

加班工资 = 小时工资标准 × 加班小时数 ×200%

加班工资 = 日工资标准 × 加班天数 ×200%

实例分析

员工周末加班应得的加班工资核算

某公司实行每日八小时工作制度，每月标准工资为 4 000.00 元，按照法定月平均计薪天数 21.75 天确定日工资标准。已知员工商某 2×22 年 5 月是全勤，当月有两天休息日全天在加班。计算商某当月可以获得多少加班工资？

日工资标准 =4 000.00÷21.75≈183.91（元）

加班工资 =183.91×2×200%≈735.64（元）

如果商某这两天休息日的加班时长没有达到全天标准，总时长为十个小时，则其应获得的加班工资又怎样计算呢？

日工资标准 =4 000.00÷21.75≈183.91（元）

小时工资标准 =183.91÷8=22.99（元）

加班工资 =22.99×10×200%=459.80（元）

⑤ 法定节假日加班得三倍工资

在我国，一年当中的法定节假日共 11 天，也就是说，当企业员工在这 11 天内被安排加班的，不考虑补休问题，一律需要向加班员工支付不低于工资的 300% 的工资报酬。

加班工资 = 小时工资标准 × 加班小时数 × 300%

加班工资 = 日工资标准 × 加班天数 × 300%

实例分析

员工法定节假日加班应得的加班工资核算

某公司实行每日八小时工作制度，每月标准工资为 4 000.00 元，按照法定月平均计薪天数 21.75 天确定日工资标准。已知员工韩某 2×22 年 5 月是全勤，当月有一天劳动节的法定节假日，且当天韩某被公司安排加班一整天，其余时间没有加班工作。计算韩某当月可获得多少加班工资？

日工资标准 = 4 000.00 ÷ 21.75 ≈ 183.91（元）

加班工资 = 183.91 × 1 × 300% = 551.73（元）

如果韩某这一天法定节假日的加班时长没有达到全天标准，总时长为五个小时，则其应获得的加班工资又怎样计算呢？

日工资标准 = 4 000.00 ÷ 21.75 ≈ 183.91（元）

小时工资标准 = 183.91 ÷ 8 = 22.99（元）

加班工资 = 22.99 × 5 × 300% = 344.85（元）

二、员工社保、医保和住房公积金怎么缴

诶？你的社保和医保的缴费基数怎么和我的不一样？我们的住房公积金缴存基数都是一样的，为什么我们每月的缴存总额却不一样呢？个人社保和医保的缴纳比例分别是多少？住房公积金的个人缴存部分的缴存比例一定要与企业的缴存比例相同吗？

06 如何为企业员工办理开户手续

正规企业应该为在职员工缴纳社保和医保，住房公积金则根据企业实际经营情况选择缴存。

根据我国相关法律的规定，应聘者一旦与用人单位签订了劳动合同，就应立即按规定办理社保卡开户手续，用人单位负责添加成员信息，后期用人单位和个

人按规定及时足额缴纳社保和医保费用。需要为员工缴存住房公积金的，也要在企业与员工约定的时间点开始为员工办理住房公积金开户手续，后期用人单位和个人也要按规定及时足额缴存住房公积金。

图 7-5 和图 7-6 分别是企业为员工办理社保和住房公积金开户的流程。

注意，根据《住房公积金管理条例》第十四条规定，"新设立的单位应当自设立之日起 30 日内向住房公积金管理中心办理公积金缴存登记，并自登记之日起 20 日内，为本单位职工办理住房公积金账户设立手续⋯⋯"

社保、医保和公积金是什么呢？在接下来的内容中我们将做详细了解。

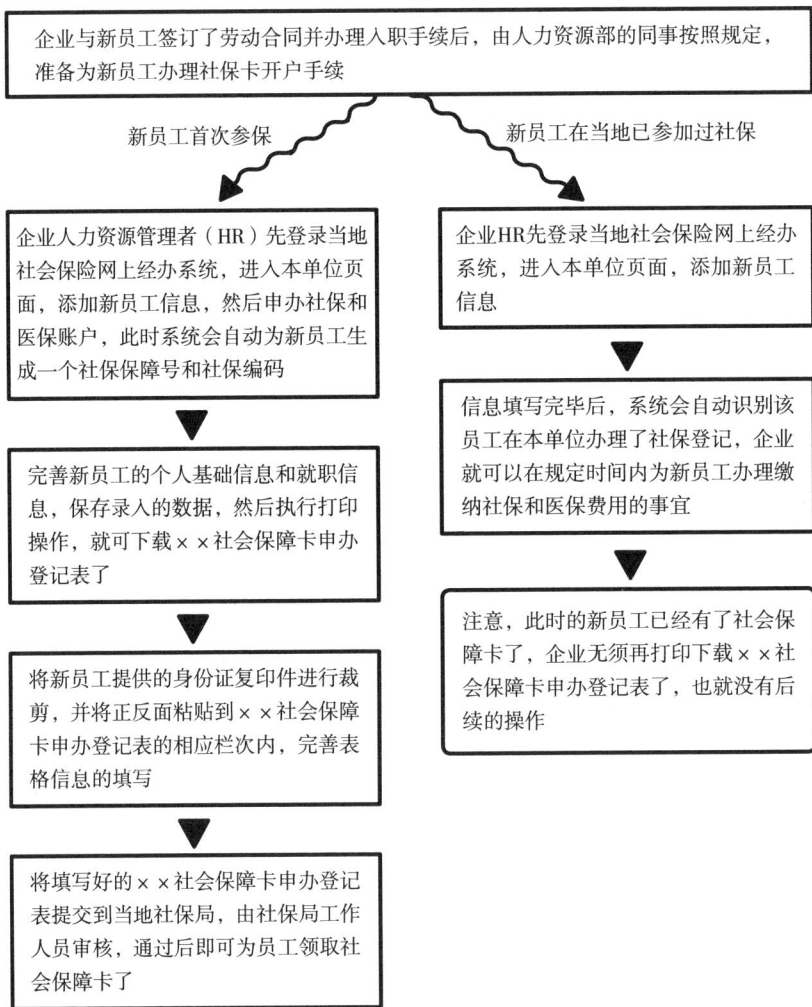

```
┌──────────────────────────────────────────────────────────────┐
│ 企业与新员工签订了劳动合同并办理入职手续后，由人力资源部的同事按照规定，    │
│ 准备为新员工办理社保卡开户手续                                      │
└──────────────────────────────────────────────────────────────┘
        新员工首次参保                          新员工在当地已参加过社保
┌──────────────────────────────┐    ┌──────────────────────────────┐
│ 企业人力资源管理者（HR）先登录当地  │    │ 企业HR先登录当地社会保险网上经办  │
│ 社会保险网上经办系统，进入本单位页  │    │ 系统，进入本单位页面，添加新员工  │
│ 面，添加新员工信息，然后申办社保和  │    │ 信息                           │
│ 医保账户，此时系统会自动为新员工生  │    └──────────────────────────────┘
│ 成一个社保保障号和社保编码          │                  ↓
└──────────────────────────────┘    ┌──────────────────────────────┐
        ↓                           │ 信息填写完毕后，系统会自动识别该  │
┌──────────────────────────────┐    │ 员工在本单位办理了社保登记，企业  │
│ 完善新员工的个人基础信息和就职信  │    │ 就可以在规定时间内为新员工办理缴  │
│ 息，保存录入的数据，然后执行打印  │    │ 纳社保和医保费用的事宜          │
│ 操作，就可下载××社会保障卡申办  │    └──────────────────────────────┘
│ 登记表了                        │                  ↓
└──────────────────────────────┘    ┌──────────────────────────────┐
        ↓                           │ 注意，此时的新员工已经有了社会保  │
┌──────────────────────────────┐    │ 障卡了，企业无须再打印下载××社  │
│ 将新员工提供的身份证复印件进行裁  │    │ 会保障卡申办登记表了，也就没有后  │
│ 剪，并将正反面粘贴到××社会保障  │    │ 续的操作                        │
│ 卡申办登记表的相应栏次内，完善表  │    └──────────────────────────────┘
│ 格信息的填写                    │
└──────────────────────────────┘
        ↓
┌──────────────────────────────┐
│ 将填写好的××社会保障卡申办登记  │
│ 表提交到当地社保局，由社保局工作  │
│ 人员审核，通过后即可为员工领取社  │
│ 会保障卡了                      │
└──────────────────────────────┘
```

图 7-5　社保开户流程

企业HR先登录当地住房公积金管理中心的官网，进入单位业务办理模块，填写单位登记信息表，录入本企业的基本信息；然后填写单位开户信息表，完成企业住房公积金缴存登记。如果选择委托银行收款缴纳公积金，还应填写委托收款信息表

系统自动生成单位网上办理住房公积金登记开户申请表，HR下载并打印该表格，并如实填写表格中的内容，然后携带该表格和单位营业执照原件及复印件等资料，到当地住房公积金管理中心申请办理住房公积金开户手续

新员工首次缴存　　　　　　新员工在当地已参加过缴存

新员工入职时，企业HR带齐相关资料，如新入职员工的身份证明和入职证明等，到当地住房公积金管理中心为员工办理住房公积金开户手续，或者直接持新入职员工的身份证在当地住房公积金管理中心的官网上新增加员工信息

新员工入职时，企业HR需要将员工的住房公积金从其他单位转入本单位，并办理好新增加员工信息

等到新入职员工的原就职单位的公积金停办后，企业HR再为新员工处理住房公积金转入手续

办理好后，新员工之前缴存的住房公积金金额就可以转到当前任职企业为其新开的账户中。过程中涉及的或产生的资料包括公积金变更清册、公积金汇缴书和公积金转移通知书等

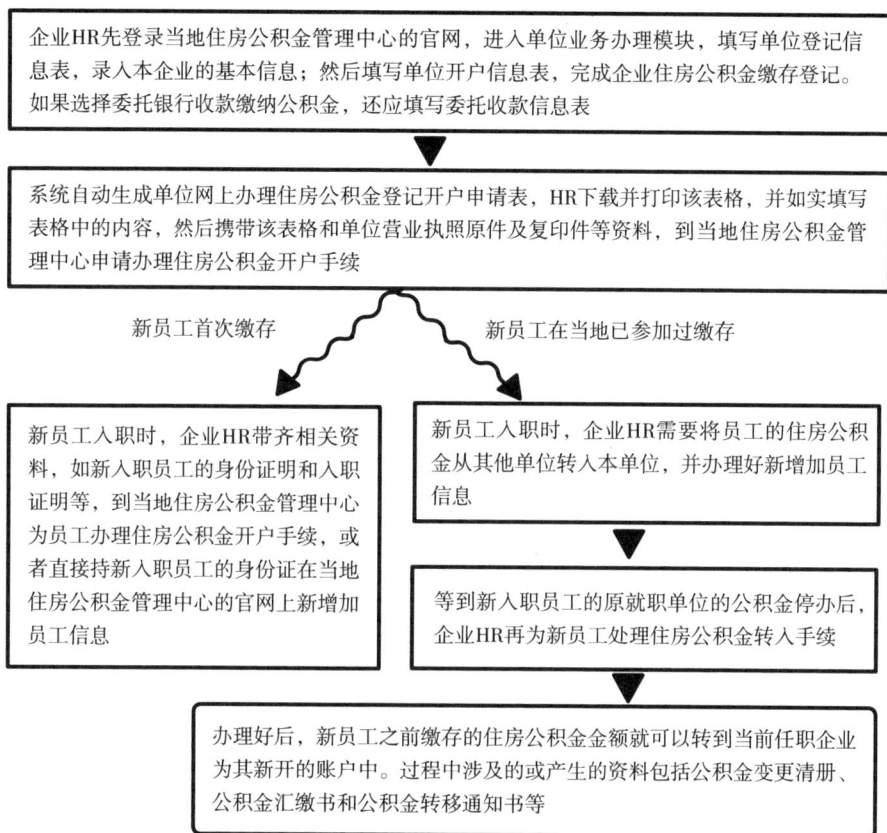

图 7-6　住房公积金开户流程

⑦ 熟知社保与医保的主要内容

社保即社会保险，是一种为丧失劳动能力、暂时失去劳动岗位或因健康原因造成损失的人口提供收入或补偿的社会和经济制度。

在新规定实施前，社保主要指五个险种，如图 7-7 所示。

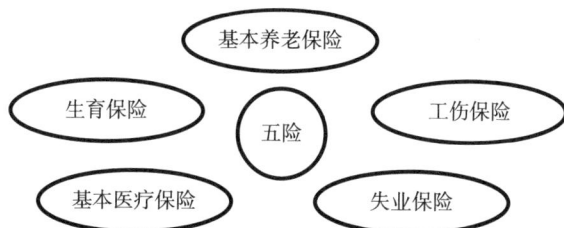

基本养老保险　生育保险　五险　工伤保险　基本医疗保险　失业保险

图 7-7　五个险种

有些地方已经将社保和医保分开管理，此时的社保就只包括基本养老保险、失业保险和工伤保险，而医保就包括基本医疗保险（含生育保险）和大病医疗互助补充保险，下面分别对这些保险进行介绍。

基本养老保险：基本养老保险是国家和社会根据一定的法律和法规，为劳动者在达到国家规定的解除劳动义务的劳动年龄界限，或因年老丧失劳动能力退出劳动岗位后的基本生活建立的一种社会保险制度。它是我国社会保险制度中最重要的险种之一。

工伤保险：工伤保险是指劳动者在工作中或在规定的特殊情况下，遭受意外伤害或患职业病导致暂时或永久丧失劳动能力以及死亡时，劳动者或其遗属从国家和社会获得物质帮助的一种社会保险制度。它又称职业伤害保险，它不需要劳动者缴纳保险费，全部保险费用由用人单位负担。工伤保险的运用关键在于认定：劳动者因工负伤或职业病暂时或永久失去劳动能力或死亡的，工伤不管什么原因，责任在个人或在企业，员工个人都享有社会保险待遇，即补偿不究过失原则。

失业保险：失业保险是指国家通过立法强制实行的，由用人单位和职工个人同时缴费及国家财政补贴等渠道筹集资金建立的失业保险基金。它对因失业而暂时中断生活来源的劳动者提供物质帮助，以保障其基本生活，并通过专业训练和职业介绍等手段为失业劳动者再就业创造条件。失业人员在满足非因本人意愿中断就业、已办理失业登记并有求职要求、按照规定参加了失业保险且所在单位和本人已按规定履行缴费义务满一年这三个条件后，方可享受失业保险待遇。

基本医疗保险：基本医疗保险是为了补偿劳动者因疾病风险造成的经济损失而建立的一项社会保险制度，通过用人单位和职工个人缴费，建立医疗保险基金，参保人员患病就诊发生医疗费用后，由医疗保险机构对其给予一定的经济补偿。

生育保险：生育保险是国家通过立法，在怀孕和分娩的妇女劳动者暂时中断劳动时，由国家和社会提供医疗服务、生育津贴和产假的一种社会保险制度。我国生育保险待遇主要包括两项：一是生育津贴，二是生育医疗待遇。建立该制度的目的是帮助怀孕和分娩的妇女劳动者恢复劳动能力，重返工作岗位。注意，职工个人不需要缴纳生育保险费。

大病医疗互助补充保险：大病医疗互助补充保险是保障职工的大病医疗需求而在基本医疗保险的基础上缴纳的一种保险费，有些地方可能没有。

⑧ 明白社保与医保的计缴方法

社保和医保包含的五个险种，计缴方法有所不同。

（1）基本养老保险

职工的基本养老保险分两个部分缴纳，一部分由任职企业缴纳，一部分由职工本人缴纳。在最新的政策下，企业缴纳部分的费率最高为16%，个人缴纳部分的费率为8%，具体比例由省、自治区和直辖市人民政府确定。实际缴纳保费金额通过下列计算公式确定：

$$基本养老保险缴费金额 = 缴费基数 × 缴费比例$$

缴费基数是企业或职工个人用于计算缴纳社会保险费和医疗保险费的工资基数，全国各地的缴费基数与当地的平均工资水平相关，通常按照当地职工上一年度全年工资性收入所得的月平均额确定，每年确定一次，确定后一年内不得变动。而实务中，企业和个人缴纳社保和医保的基数要结合当地城镇职工上一年度的月平均工资和当月实际工资数额的大小关系进行档次划分，从而确定具体的缴费基数。图7-8为某市社保和医保的缴费基数档次划分标准。

01 ▶ 如果实际工资为2 500.00元，低于2 966.00元（全口径省平均工资的55%，下同）和3 236.00元（全口径省平均工资的60%，下同），那么基本养老保险的缴费基数为2 966.00元，其他保险的缴费基数为3 236.00元。

02 ▶ 如果实际工资为3 000.00元，高于2 966.00元，低于3 236.00元，那么基本养老保险的缴费基数为3 000.00元，其他保险的缴费基数为3 236.00元。

03 ▶ 如果实际工资为5 000.00元，高于2 966.00元和3 236.00元，低于16 179.00元（全口径省平均工资的300%，下同），那么社保的各保险的缴费基数均为5 000.00元。

04 ▶ 如果实际工资为17 000.00元，高于16 179.00元，那么社保的各保险的缴费基数均为16 179.00元。

图7-8 某市社保的缴费技术档次划分

（2）基本医疗保险

全国各地不同地区适用的基本医疗保险费率是不同的，且不仅企业缴纳部分的费率可能不同，个人缴纳部分的费率也可能不同。基本医疗保险的缴费金额计算方法与基本养老保险相似，也要结合缴费基数和缴费比例进行计算确定。

（3）生育保险

生育保险的缴费基数和缴费比例也会因地区不同而不同，具体核算时依据当地人民政府和有关行政管理机构的规定。

（4）工伤保险

工伤保险的缴费基数与当地职工平均工资相关，而缴费比例则与职工所处行业有关，行业不同，缴费比例不同。按照行业风险大中小的标准来规定工伤保险的缴费比例，可参考如下内容。

风险较小的行业：用人单位职工工资总额的 0.5%，如证券业、银行业和保险业等。

风险中等的行业：用人单位职工工资总额的 1%，如房地产业、娱乐业和农副食品加工业等。

风险较大的行业：用人单位职工工资总额的 2%，如炼焦及核心燃料加工业、石油加工业和化学原料及化学制品制造业等。

（5）失业保险

同理，失业保险的缴费基数和缴费比例会因为地区不同而不同，具体核算时依据当地人民政府和相关行政管理机构的规定。

实例分析

核算员工缴纳社保和医保的金额

某公司经营地现行的基本养老保险费企业缴纳部分的费率为 16%，个人缴纳部分的费率为 8%；基本医疗保险费企业缴纳部分的费率为 9%，个人缴纳部分的费率为 2%；失业保险企业缴纳部分的费率为 0.8%，个人缴纳部分的费率为 0.2%；工伤保险企业缴纳部分的费率为 0.5%；生育保险企业缴纳部分的费率为 0.8%。已知该公司 2×22 年 6 月发生工资总额 42.00 万元，其中，管理人员工资 15.00 万元，生产工人工资 17.00 万元，销售人员工资 7.00 万元，生产车间管理人员工资为 3.00 万元。

根据公司所在地人民政府的规定，员工工资水平对应的社保和医保各险种的缴费基数均为实际工资数额。

公司缴纳部分的基本养老保险费 =420 000.00×16%=67 200.00（元）

公司缴纳部分的基本医疗保险费 =420 000.00×9%=37 800.00（元）

公司缴纳部分的失业保险费 =420 000.00×0.8%=3 360.00（元）

公司缴纳部分的工伤保险费 =420 000.00×0.5%=2 100.00（元）

公司缴纳部分的生育保险费 =420 000.00×0.8%=3 360.00（元）

个人缴纳部分的基本养老保险费 =420 000.00×8%=33 600.00（元）

个人缴纳部分的基本医疗保险费 =420 000.00×2%=8 400.00（元）

个人缴纳部分的失业保险费 =420 000.00×0.2%=840.00（元）

其中，计入管理费用的社保和医保金额为：（67 200.00+37 800.00+3 360.00+2 100.00+3 360.00）×（15.00÷42.00）=40 650.00（元）。

计入生产成本的社保和医保金额为：（67 200.00+37 800.00+3 360.00+2 100.00+3 360.00）×（17.00÷42.00）=46 070.00（元）。

计入销售费用的社保和医保金额为：（67 200.00+37 800.00+3 360.00+2 100.00+3 360.00）×（7.00÷42.00）=18 970.00（元）。

计入制造费用的社保和医保金额为：（67 200.00+37 800.00+3 360.00+2 100.00+3 360.00）×（3.00÷42.00）=8 130.00（元）。

这些社保和医保金额的归集处理，涉及后续社保和医保的账务处理，需要出纳人员明确计算出来。

(09) 什么是住房公积金

住房公积金是指国家机关和事业单位、国有企业、城镇集体企业、外商投资企业、城镇私营企业以及其他城镇企业和事业单位、民办非企业单位、社会团体及其在职职工，对等缴存的长期住房储蓄。住房公积金有五个方面的含义，如图 7-9 所示。

住房公积金管理中心用住房公积金，委托商业银行向购买、建造、翻修、大修自住住房以及集资合作建房的住房公积金缴存人发放优惠贷款的，称为个人住房公积金贷款。

01 ▶ 住房公积金只在城镇建立，农村不建立住房公积金制度

02 ▶ 只对在职职工建立住房公积金制度，没有工作的城镇居民、离退休职工不实行住房公积金制度

03 ▶ 住房公积金由两部分组成，一部分由职工所在单位缴存，另一部分由职工个人缴存。职工个人缴存部分由单位代扣后，连同单位缴存部分一并缴存到住房公积金个人账户中

04 ▶ 住房公积金制度一经建立，职工在职期间必须不间断地按规定缴存，体现其长期性

05 ▶ 住房公积金是职工按规定存储起来的专项用于住房消费支出的个人住房储蓄

图 7-9　住房公积金的含义

个人住房公积金组合贷款是指当住房公积金贷款额度不足以支付购房款时，借款人在申请住房公积金贷款的同时又向受托银行申请商业性个人住房贷款，两部分贷款一起构成组合贷款。组合贷款中的住房公积金贷款由住房公积金管理中心审批，商业性贷款由受托银行审批。

个人住房公积金置换组合贷款，是先由银行用银行资金对借款人（缴存住房公积金的职工）发放商业性住房贷款后，再由受托银行代理借款人向住房公积金管理中心申请公积金贷款。借款人的公积金贷款额度控制在其公积金基本贷款额度内且不超过商业性住房贷款金额的 70%。

⑩ 社保与医保的账务处理

企业不仅需要对自身为职工缴纳的社保、医保和缴存的住房公积金进行账务处理，对于代扣代缴的社保、医保和住房公积金也要进行账务处理。根据归集对象，先计提企业缴纳和缴存的部分。

借：管理费用
　　生产成本
　　销售费用

制造费用

　　贷：应付职工薪酬——社保和医保（企业部分）

　　　　　　　　　　——住房公积金（企业部分）

然后在实际向员工发放工资时，代扣员工个人缴纳和缴存的部分。

借：应付职工薪酬

　　贷：其他应收款——社保和医保（个人部分）

　　　　　　　　　——住房公积金（个人部分）

最后实际缴纳和缴存社保、医保和住房公积金。

借：应付职工薪酬——社保和医保（企业部分）

　　　　　　　　——住房公积金（企业部分）

　　其他应收款——社保和医保（个人部分）

　　　　　　　——其他应收款（个人部分）

　　贷：银行存款

实例分析

对企业需要缴纳社保和医保进行账务处理

　　在7.2节中核算员工缴纳社保、医保金额的前述案例基础上，我们需要进行如下账务处理。暂不考虑住房公积金。

　　①计提2×22年6月企业应缴纳的部分。

　　企业应缴纳社保和医保总额 =（67 200.00+37 800.00+3 360.00+2 100.00+3 360.00）=113 820.00（元）

借：管理费用	40 650.00
生产成本	46 070.00
销售费用	18 970.00
制造费用	8 130.00
贷：应付职工薪酬——社保和医保（企业部分）	113 820.00

　　②实际向员工发放工资时，代扣员工个人缴纳部分。

　　个人缴纳社保和医保总额 =33 600.00+8 400.00+840.00=42 840.00（元）

借：应付职工薪酬	42 840.00
贷：其他应收款——社保和医保（个人部分）	42 840.00

③实际缴纳社保、医保。

借：应付职工薪酬——社保和医保（企业部分）　　113 820.00

　　其他应收款——社保和医保（个人部分）　　42 840.00

　　贷：银行存款　　　　　　　　　　　　　　　　　156 660.00

三、编制工资表并发放工资

糟了，这个员工的工资发错了，怎么办呢？又把同事的实发工资数算错了。工作中，你是不是也在工资核算与发放过程中常出错？出纳人员可以借助工资表，更好地协助企业向职工发放工资。

⑪ 算好工资的实发数

员工能够拿到手的实发工资数，要从应发工资数中扣除个人需要缴纳的社保和医保部分、缴存的住房公积金部分以及由企业代扣代缴的个人所得税。用计算公式表示如下：

实发工资＝应发工资－个人需要缴纳的社保和医保－个人需要缴存的住房公积金－企业代扣代缴的个人所得税

企业代扣代缴的个人所得税＝（应发工资－个人需要缴纳的社保和医保－个人需要缴存的住房公积金－5 000.00）×适用税率

实例分析

核算员工的实发工资数

商某在一家技术服务公司上班，2×22年6月初，公司HR算出商某5月应发工资为8 200.00元。已知商某个人每月需要缴纳的基本养老保险费298.08元，失业保险费14.90元，基本医疗保险74.52元，缴存的住房公积金共580.00元。那么，商某当月实际能拿到手的工资有多少呢？

个人缴纳的社保、医保＝298.08+14.90+74.52+580.00=967.50（元）

应纳税所得额＝8 200.00−967.50−5 000.00=2 232.50（元）

根据个人所得税税率标准可知，商某 5 月工资适用个人所得税税率为 3%，速算扣除数为 0。

应交个人所得税 =2 232.50×3%=66.98（元）

商某 5 月实发工资 =8 200.00−967.50−66.98=7 165.52（元）

⑫ 编制工资明细表

职工为企业提供劳务，企业需向职工支付相应的报酬，就是我们常说的"工资"。企业人事部门负责根据各员工工作情况，编制工资明细表，记录各员工的基本工资、绩效工资、加班工资、社保、医保、住房公积金、个人所得税以及实发工资等数额情况。简单表格如图 7-10 所示。

年　　月工资明细表

编制单位：　　　　　　　　　　　　　　　　　年　　月　　日　　　　　　单位：元

序号	姓名	应发项目			应发工资	应扣项目					应扣合计	税制工资	实发工资	签名
		岗位工资	工龄工资	执业津贴		养老保险金	医疗保险金	失业保险金	住房公积金	个人所得税				
1														
2														
3														
4														
5														
合计														

单位主管：　　　　　　　　复核：　　　　　　　　制表：

图 7-10　工资明细表

⑬ 经批准向员工发放工资

企业人事部门的 HR 编制好工资明细表后，交给财务部门审核，审查通过后，通知出纳人员向员工发放工资。

发放工资时，"应付职工薪酬"科目的金额减少，"银行存款"科目的金额也减少，会计分录如下：

借：应付职工薪酬

　　贷：银行存款

实例分析

向员工发放工资

　　商某在一家技术服务公司上班，2×22年6月初，公司HR算出商某5月应发工资为8 200.00元，实发工资数为7 165.52元。假设公司共有30人，商某的实发工资数就是员工每人平均实发工资数，则出纳人员在向员工发放工资时，涉及的账务处理如下：

　　实发工资总额 =7 165.52×30=214 965.60（元）

　　借：应付职工薪酬　　　　　　　　　　　　214 965.60

　　　　贷：银行存款　　　　　　　　　　　　214 965.60

　　当然，实际工作中，企业需要用总的应付工资，减去总的代扣代缴的社保、医保、住房公积金和个人所得税，得到总的实发工资数。出纳人员根据银行发来的付款通知和实际支付工资数额，编制上述会计分录，填制银行存款付款凭证。

读 者 意 见 反 馈 表

亲爱的读者：

感谢您对中国铁道出版社有限公司的支持，您的建议是我们不断改进工作的信息来源，您的需求是我们不断开拓创新的基础。为了更好地服务读者，出版更多的精品图书，希望您能在百忙之中抽出时间填写这份意见反馈表发给我们。随书纸制表格请在填好后剪下寄到：北京市西城区右安门西街8号中国铁道出版社有限公司大众出版中心 王佩 收（邮编：100054）。此外，读者也可以直接通过电子邮件把意见反馈给我们，E-mail地址是：505733396@qq.com。我们将选出意见中肯的热心读者，赠送本社的其他图书作为奖励。同时，我们将充分考虑您的意见和建议，并尽可能地给您满意的答复。谢谢！

- -

所购书名：_____

个人资料：

姓名：_____ 性别：_____ 年龄：_____ 文化程度：_____

职业：_____ 电话：_____ E-mail：_____

通信地址：_____ 邮编：_____

- -

您是如何得知本书的：

□书店宣传 □网络宣传 □展会促销 □出版社图书目录 □老师指定 □杂志、报纸等的介绍 □别人推荐
□其他（请指明）_____

您从何处得到本书的：

□书店 □邮购 □商场、超市等卖场 □图书销售的网站 □培训学校 □其他

影响您购买本书的因素（可多选）：

□内容实用 □价格合理 □装帧设计精美 □带多媒体教学光盘 □优惠促销 □书评广告 □出版社知名度
□作者名气 □工作、生活和学习的需要 □其他

您对本书封面设计的满意程度：

□很满意 □比较满意 □一般 □不满意 □改进建议

您对本书的总体满意程度：

从文字的角度 □很满意 □比较满意 □一般 □不满意
从技术的角度 □很满意 □比较满意 □一般 □不满意

您希望书中图的比例是多少：

□少量的图片辅以大量的文字 □图文比例相当 □大量的图片辅以少量的文字

您希望本书的定价是多少：

本书最令您满意的是：

1.

2.

您在使用本书时遇到哪些困难：

1.

2.

您希望本书在哪些方面进行改进：

1.

2.

您需要购买哪些方面的图书？对我社现有图书有什么好的建议？

您更喜欢阅读哪些类型和层次的书籍（可多选）？

□入门类 □精通类 □综合类 □问答类 □图解类 □查询手册类

您在学习的过程中有什么困难？

您的其他要求：